HACER EN CASA

LA HAMBURGUESA PERFECTA

JOAQUÍN FELIPE PEIRA

CON LA COLABORACIÓN DE JOAQUÍN FELIPE JUNIOR

OBERON

Diseño de cubierta y maqueta
Cecilia Poza Melero

Juan Ignacio Luca de Tena, 15. 28027 Madrid
Depósito legal: M-21.694-2014
ISBN: 978-84-415-3580-0
Printed in Spain

Dedicado a Gloria, mi esposa.

ÍNDICE DE CONTENIDOS

INTRODUCCIÓN

FULGOR, MUERTE Y RESURRECCIÓN DE UN ALIMENTO ICÓNICO

MIGUEL ÁNGEL ALMODÓVAR

La hamburguesa, tal y como hoy la conocemos, más o menos, empezó a hacerse popular en los Estados Unidos de América a finales del siglo XIX, pero no sería hasta mediados del XX cuando su fama y consumo comenzaran a universalizarse.

Durante décadas, la hamburguesa se convirtió en algo que superaba el mero concepto de alimento cómodo, rápido y barato, deviniendo en icono de la cultura norteamericana extendida por casi todo el universo, y en alegoría económica y sociológica mundial. Sin embargo, a finales de los ochenta una nueva y emergente conciencia sobre salud y medio ambiente le fue restando popularidad y buena imagen para terminar siendo símbolo del capitalismo salvaje y de *marketing* alienante para las masas, especialmente doloso entre el público infantil.

Con el inicio del nuevo siglo y del milenio, la imagen se deterioró muchísimo más y se colocó en la punta del cada vez más denostado iceberg de la ya mayoritariamente indeseable *fast food*, comida rápida, chatarra o basura.

Las grandes cadenas, como McDonald's o Burger King, reaccionaron incluyendo en sus menús ofertas al menos aparentemente saludables, y fórmulas *lights* que intentaban romper la relación entre su gama y la consideración de pandemia que de la obesidad había hecho la Organización Mundial de la Salud (OMS). Sin embargo, la verdadera revolución en cuanto a la percepción social del producto, llegó desde las numerosas iniciativas ajenas a las grandes firmas y basadas en muy distintos parámetros, como la inclusión de carnes de gran calidad y diversidad acompañadas de ingredientes variopintos que superaban, con mucho, en saludabilidad y variedad imaginativa a las elementales rodajas de tomate y cebolla, con su aditamento de mayonesa y kétchup.

En el primer lustro del siglo XXI aparece el concepto de hamburguesa *gourmet*, que ya no se relaciona mecánicamente con el *fast food*. Se hacen locales más creativos, se desinfantilizan y se decoran con ambientaciones *dinner* inspiradas en las hamburgueserías neoyorquinas de los años cincuenta. Por añadidura, la eclosión de la gran crisis económica internacional hace que la hamburguesa empiece a percibirse como producto que aún a fuer de económico y fácil de preparar, tenga características de versatilidad y calidad como gran alimento.

Aparece así la hamburguesa *gourmet*, de la que este libro hace bandera y en la que alcanza cotas de inventiva, fantasía y sugerente palatabilidad francamente extraordinarias.

La hamburguesa *gourmet* tiene un futuro extraordinario y prometedor, pero también tiene un pasado que conviene recordar, tanto para conocer el origen identitario de lo que hoy está en nuestras manos y estómagos, como para, como en cualquier otro proceso histórico, procurar no volver a cometer los mismos o parecidos errores que en ocasiones acontecieron en su cronología.

DE LOS MUY REMOTOS E INCIERTOS ORÍGENES DE LA HAMBURGUESA

Mucho se ha especulado sobre el posible origen de lo que hoy conocemos como hamburguesa y las teorías elaboradas al respecto son de lo más variopinto. Se la ha relacionado con las bolas de carne picada de las que se alimentaban los jinetes mongoles, quienes desde las tierras altas de Rusia llegaron en el siglo XIII a lo que hoy es Alemania. Pero lo cierto es que en el antiguo Egipto ya se consumía un pastel de carne picada bastante parecido y que algo similar figura, con el nombre de *isicia omentata*, en el libro *De Re Coquinaria*, el recetario de cocina que se atribuye a un tal Marco Gavio Apicio, que vivió en el siglo I y durante el reinado del emperador Tiberio.

No obstante, la hamburguesa también parece emparentada con las típicas fórmulas árabes conocidas como *falafel* y *kubbe*, con los *pogaca* balcánicos, en los que una masa fina de carne picada se mete entre dos láminas de un pan sin levadura muy parecido al pan de pita, y aún más con las *pljeskavice* de la misma zona, en las que la carne se acompaña de un queso elaborado a partir de nata de leche y cebolla cruda picada.

En definitiva, lo más probable es que no exista un sólo origen situado en un espacio y un tiempo, sino una fórmula de optimización de recursos que se le habría ocurrido a distintos pueblos y en varios momentos históricos. De lo que no cabe ninguna duda es que el invento tuvo algo o mucho que ver con la ciudad alemana a la que su nombre hace referencia.

DE SU RELACIÓN CON EL PUERTO DE HAMBURGO Y SU ASENTAMIENTO EN EE. UU.

Parece que a finales del siglo XIX los marinos que llegaban al puerto Newark, New Jersey, tras haber cruzado el Atlántico desde Hamburgo, se deshacían en elogios hacia la preparación a base de carne picada que les ofrecían en el puerto alemán y así fue como nació en «la ciudad de ladrillos» el «filete hamburgués», que se vendía en carritos ambulantes para solaz de marineros hambrientos y con pocos recursos económicos.

En 1834, el famoso restaurante neoyorkino Delmonico's, sito entre 2 South William Street y 56 Beaver Street, lo ofrecía en su carta. Después, se cuenta que un buen día de 1885 a una pequeña empresa, Hamburguer Charlie Nagreen, se le ocurrió aplastar la bola o albóndiga de carne, meterla entre dos pedazos de pan y ponerla a la venta con éxito en las ferias de Seymour, ciudad del condado de Outagamie, en el Estado de Wisconsin.

Aunque hay otros tres Estados de la Unión que reclaman para sí el invento de la hamburguesa contemporánea, lo cierto es que fue en 1904 y durante la celebración de la Feria Mundial de San Luis, Missouri, cuando el emparedado denominado «Hamburguer» se presentó formalmente ante la sociedad norteamericana, de lo que dio fe un artículo publicado en esos días en las páginas del diario *New York Tribune*.

Hechas las presentaciones formales, algunos avispados empresarios no tardaron en darse cuenta de la posibilidad de gran negocio que supondría convertir aquello en producto de consumo masivo.

En 1921 se funda White Castle, en Wichita, Kansas, la primera cadena de hamburgueserías, y su cocinero, Walter A. Anderson, no sólo inventa el típico panecillo blando, sino que diseña una cadena de cocina para restaurantes de comida rápida que sería la base del negocio posterior del sector, basado en el seguimiento de pautas muy concretas previamente establecidas por la casa matriz, para garantizar a los clientes que el producto sea prácticamente idéntico en cualquier ciudad o lugar donde lo demande.

Actualmente, White Castle sigue siendo una cadena de restaurantes de comida rápida, con cuatro centenares de locales ubicados en el Medio Oeste norteamericano y en el área metropolitana de Nueva York.

EL BOOM DE LOS CINCUENTA, FUENTES DE SODA Y FRANQUICIAS: MCDONALD'S, BURGER KING Y WENDY'S

El gran salto adelante de la hamburguesa empieza hacia la mitad del siglo XX, apoyado en gran parte por la proliferación de fuentes de soda y la eclosión de franquicias de comida rápida, primero norteamericanas y más tarde planetarias, que, por este orden, fueron poniendo en pie McDonald's, Burger King y Wendy's.

La historia de McDonald's, sin duda la de mayor éxito final en todo el mundo, empieza el 15 de mayo de 1940 cuando los hermanos Dick y Mac MacDonald abren un establecimiento, Mc Donald Bar BQ, en la localidad californiana de san Bernardino, a la vera y orilla de la mítica Ruta 66, conocida como *The Main Street of America* (*La calle principal de América*), y *The Mother Road* (*La carretera madre*), por haber sido la ruta principal de la gran emigración hacia el Oeste, especialmente durante las *dust bowl* o tormentas de polvo de los años treinta, uno de los peores desastres ecológicos del siglo XX. Su menú, bastante diferente del que hoy puede resultar más familiar, constaba de veinte propuestas entre las que, por supuesto, tenían ya lugar de preeminencia las hamburguesas preparadas a la barbacoa, aunque la gran novedad de Mc Donald Bar BQ era un sistema para servir directamente a los conductores sin que aquellos tuvieran que bajarse del vehículo, lo que provocó que durante los fines de semana se hicieran largas colas que superaban el centenar de automóviles.

Tal éxito animó a muchísimos restaurantes a copiar el sistema, lo que provocó que el invento dejara de ser rentable, al punto de que los MacDonald tuvieron que cerrar para replantearse su propia filosofía comercial. Al poco de reabrir el negocio, en 1955, y sobre la base de una oferta de comida muy rápida y muy barata, Ray Kroc, fabricante y vendedor de máquinas de autoservicio de bebidas malteadas, entró como accionista en el negocio de los hermanos y transformó la sociedad en una franquicia bajo el símbolo de un payaso.

La primera de ellas fue inaugurada ese mismo año en Des Plain, Illinois, y a esta fueron siguiendo otras en auténtica cascada. A mediados de los sesenta la firma salió de las fronteras estadounidenses, primero a Canadá y después a Puerto Rico, iniciando la colonización planetaria

La segunda de las aventuras comienza el 4 de diciembre de 1954 cuando dos jóvenes, James McLamore y David Egerton, fundan en Miami una cadena de comida rápida, Burger King Corporation, en la que a los pocos años, en 1957, introducen el concepto *whopper*, un bocadillo o sándwich con una porción de carne de ternera picada que se hace al fuego y que se acompaña de hojas de lechuga, rodajas de tomate, de cebolla y de pepinillos encurtidos, dentro de un bollo semiesférico de pan con semillas de sésamo en su parte superior. En rededor, salsas de mostaza, kétchup y mayonesa. En 1958 se emite el primer anuncio televisivo en las cadenas de Miami, y un año después comienza su expansión a través del franquiciado, primero en los Estados Unidos y después por el resto del mundo, abriendo su primer restaurante fuera de las fronteras estadounidenses en Puerto Rico, en 1963. Actualmente, cuenta con cerca de 45.000 establecimientos a escala planetaria, siguiendo siempre de cerca, aunque a prudencial distancia, a sus gran rival McDonald's.

El tercero de los colosos mundiales de la hamburguesa es Wendy's, un imperio que comenzó a edificarse cuando, en 1968, Dave Thomas decidió vender sus cuatro franquicias de Kentucky Fried Chicken para, con el millón y medio de dólares que consiguió de la liquidación, montar el primer restaurante Wendy's a las afueras de Columbus, Ohio, que abrió sus puertas el 15 de noviembre de 1969. El nombre y el logotipo, una niña de pelo rojo con coletas cogidas con un par de lazos azules, representaban a su hija, Melinda Lou «Wendy», que por entonces tenía ocho años y hoy lidera una fundación para la adopción de niños creada por su padre. Aunque en la actualidad Wendy's se posiciona en el tercer lugar mundial en volumen de ventas de hamburguesas, con locales en 27 países, en 2011 consiguió superar a Burger King en los Estados Unidos, situándose por detrás del gigante McDonald's. En España, estuvo presente desde finales de la década de los ochenta hasta principios de los dos mil.

Sobre estos tres míticos pilares, la hamburguesa pasa a formar parte del triángulo mágico del típico estilo norteamericano de alimentación, en cuyos otros dos vértices icónicos se sitúan el *fried chicken* y la tarta de manzana.

LA MCDONALDIZACIÓN DE LA SOCIEDAD

La firma McDonald's constituye un fenómeno histórico de globalización sin posible parangón. Progresivamente y en tiempo récord se ha extendido por todo el planeta con un menú básico que respeta escrupulosamente los estándares de producción, distribución y consumo primigenios, aunque ocasional y ligeramente modificados en algunos casos, como Japón, donde ofrece la hamburguesa Teriyaki, o Noruega, donde la vende de salmón del fiordo. Lo que no varía es el acompañamiento de patatas fritas, mayonesa y kétchup, y el extraordinario aporte calórico del producto total, que casi siempre ronda, y frecuentemente sobrepasa, las 650 calorías.

Un 80 por ciento de los estadounidenses ha trabajado en algún momento de su vida en uno de sus establecimientos, y la firma, con unos 34.000 locales, está establecida en 121 países, siendo el mayor distribuidor de juguetes del mundo gracias a su *happy meal*.

En cuanto a volumen de ventas y visitas, los datos son anonadantes, porque con sus subidas y bajadas, 25.0000 millones de personas pasan cada año por un McDonald's, de las cuales 7.000 millones son europeas y 230 millones españolas.

Claro que hay quien intenta relativizar el fenómeno señalando que, si bien la firma está presente en 121 países, no es menos cierto que hay otros 97 cuyo territorio no está hollado por la marca. Pero lo cierto es que esos casos obedecen a razones ideológicas, que sería el caso, por ejemplo, de Irán, Corea del Norte o Kazajistán, de escasez de poder adquisitivo de su ciudadanía, como pasa en Mali, Nepal o Zimbabue, o porque en el sitio no cabe ya ni un alfiler, casos de El Vaticano, Seychelles o Barbados. Las únicas excepciones reales y ajenas a esos parámetros quizá sean Bolivia e Islandia.

McDonald's estuvo presente en tres ciudades bolivianas, La Paz, Cochabamba y Santa Cruz, entre 1997 y 2002. En ese tiempo hizo lo posible y lo imposible por adaptarse a los gustos culinarios locales, aún a costa de traicionar en buena medida su filosofía de máxima unicidad. Incluyó la típica salsa *llajwa* (preparada con quirquiña o con huacataya) en sus menús y amenizó a la clientela con interpretaciones folclóricas en vivo, pero finalmente hubo de rendirse a la evidencia del fracaso y cerrar los ocho locales que había abierto en el país andino. La dimensión del fiasco fue de tal calibre que incluso se hizo un documental (http://youtu.be/9IqTdTHbo1A) para tratar de explicarlo. En el mismo, chefs, sociólogos, nutricionistas e historiadores apelan al valor social de la cocina tradicional y a la exclusividad de sus productos, pero la singularidad y rareza del caso siguen incólumes.

En el caso de Islandia, la firma se retiró del país en 2009 a causa de su baja rentabilidad, agravada por la crisis económica y financiera tanto global como local, aunque tampoco hay que desdeñar el dato de partida que remite a un país que supera en muy poco los 330.000 habitantes y donde la densidad poblacional es de tres personas por kilómetro cuadrado.

Por lo que respecta al primer dato de empleo, la cantidad parece contraponerse con la calidad. En este punto, el escritor, dramaturgo y artista visual canadiense de origen alemán Douglas Coupland, mundialmente conocido por su novela *Generación X*, publicada en 1991, creó el término «McJob», o «McTrabajo», para sintetizar y ejemplificar el trabajo de jóvenes caracterizado por escasa formación previa, actividad fortísimamente regulada, muy bajos salarios, y escasísimas posibilidades de promoción laboral. A mayor abundamiento, un año antes de la publicación de *Generación X* el grupo London Greenpeace (que nada tiene que ver con la multinacional ecologista) distribuyó panfletos con el título *What's wrong whith McDonald's?*, (*¿Qué tiene de malo McDonald's?*), en los que la carga era de auténtica profundidad: «McDonald's no paga las horas extra como tales aunque sus empleados trabajen turnos de muchas horas. La presión para conseguir grandes beneficios y bajos costes da lugar a contratar a menos gente de la necesaria, con lo que los empleados deben trabajar más tiempo y más rápido. Como consecuencia, los accidentes (especialmente, las quemaduras) son moneda corriente. La mayor parte de los empleados son personas que tienen pocas posibilidades laborales y se ven forzados a aceptar esta explotación, ¡y encima se les obliga a sonreír! No es ninguna sorpresa que los trabajadores duren poco en McDonald's, haciendo que sea casi imposible unirse en sindicatos para luchar por unas mejores condiciones, lo cual le viene estupendo a McDonald's que siempre ha sido contraria a los sindicatos».

Pero volviendo a la dimensión mundial de McDonald's, uno de los ejemplos más ilustrativos de globalización es el llamado The Big Mac Index, que semanalmente y desde 1986 elabora la revista británica *The Economist*, se trata de un índice creado para comparar el precio de la popular hamburguesa *big mac* en todos los países donde se vende, al efecto de establecer un parámetro común de costes de la vida en cada uno de esos territorios y, de esta forma, saber si sus monedas estas sensatamente valoradas respecto al dólar estadounidense en el cambio oficial.

De otro lado, también se ha intentado visualizar el fenómeno de implantación planetaria McDonald's como elemento de estabilidad y paz. La idea fue planteada por el columnista Thomas Friedman, del *New York Times*, ganador de tres premios Pulitzer, en su libro *The Lexus and the Oliver Tree* como «Ley de los arcos», y que básicamente remitía a la evidencia de que dos países donde la marca estuviera presente jamás habían entrado en guerra. Funcionó hasta 1999 cuando la OTAN, espacio multinacional «McDonalizado» por excelencia, bombardeó Serbia donde había algunos cuantos McDonald's.

No obstante, el término específico «McDonaldization» fue creado por el sociólogo estadounidense George Ritzer en su libro *McDonaldization of Society*, publicado en 1995, para describir un fenómeno complejo caracterizado por la generalizada aceptación social de todo aquello que define a un establecimiento de comida rápida o *fast food*.

La «McDonaldización» es una renovación del concepto de racionalidad, entendida esta como la capacidad que permite pensar, evaluar, entender y actuar de acuerdo a ciertos principios para satisfacer algún objetivo o finalidad, mediante un ejercicio de optimización y consistencia. Mientras que en el modelo clásico planteado por el sociólogo Max Weber la irracionalidad que caracteriza a las sociedades en transformación se producía a partir de un determinado modelo de burocracia, Ritzer sitúa en el paradigma contemporáneo del mismo proceso a la comida rápida, chatarra o *fast food*.

Así, la «McDonaldización» tendría lugar en cuatro fases: la eficiencia de emplear un método extraordinariamente eficaz para la realización de la tarea; la cuantificación de recursos exactos para lograrla, ejemplificada en datos como los gramos de carne o le grosor de las patatas; la previsibilidad de servicios estrictamente normalizados, y el control de los empleados sometidos a tecnologías deshumanizadas. Siguiendo estos cuatro procesos aparentemente razonables y saludables, finalmente se obtendrían resultados paradójicamente irracionales y con frecuencia altamente nocivos.

PRIMEROS TAMBALEOS EN EL FIN DEL SIGLO XX

Los objetivos e intereses de la industria de la hamburguesa empezaron a resentirse a finales de los años ochenta del pasado siglo, cuando al menos una parte de la sociedad comenzó a preocuparse por la salud, el medio ambiente y la explotación de la infancia por la vía del *marketing*. La hamburguesa, hasta ese momento y casi en general idealizada como icono de modernidad y confort, empezaba a visualizarse como símbolo de capitalismo salvaje y como herramienta imperialista norteamericana para seguir ejerciendo su hegemonía mundial a través de la comida basura.

Como resume Jesús Rodríguez en su extenso artículo «Hamburguesa. La evolución de las especies», la hamburguesa en serie «[···] representaba un modelo donde la eficiencia estaba por encima de los valores. Un negocio sin alma. Era culpable de todo. De la obesidad, la hipertensión y la diabetes; de la deforestación, la explotación de los trabajadores y la manipulación de los niños, la desaparición del comercio tradicional, la producción de desechos no biodegradables».

En ese contexto aparecen los movimientos antiglobalización que, de pronto y en varios países a la vez, empiezan a invadir los tranquilos y plácidos espacios de *fast food* con más o menos violentas protestas. El episodio paradigmático de esa época se produce el 12 de agosto de 1999, cuando el sindicalista agrario francés José Bové, líder del movimiento altermundista, asalta, con un buldócer, junto a un grupo de seguidores y cual nueva prisión de La Bastilla, un McDonald's del municipio de Millau, que desmantelan y destruyen parcialmente.

La hazaña le costó a Bové una condena de tres meses de prisión, pero le convirtió en un héroe popular francés y en un icono del movimiento antiglobalización. Como señala Michel Steinberger en su libro *Au revoir*, por censurables que fueran los expeditivos métodos de Bové, «[···] a un francófilo amante de la comida le resultaba difícil no sentir un poco de solidaridad con él. Si creías que McDonald's era una plaga en el paisaje de los Estados Unidos, verlo en suelo francés era como encontrase un espectáculo de estriptis en El Vaticano».

Un año después, ya en vísperas del cambio de siglo y milenio, sobre casi toda Europa se abate la epidemia de encefalopatía espongiforme bovina, o «mal de las vacas locas», que hace descender en picado el consumo de carne de vacuno ante el riesgo para la salud del que advierten las autoridades sanitarias, lo cual, evidentemente, supone otro mazazo para la industria del *fast food*.

AURORA DEL NUEVO MILENIO Y CAÍDA EN DESGRACIA

El cambio de siglo empezó a modificar por completo la percepción social sobre la comida rápida en general y sobre la hamburguesa en particular. En poco tiempo pasó de los altares al averno, fundamentalmente como consecuencia de la emergencia de una nueva mentalidad en cuanto a nutrición y salud, basada sobre todo en el incremento brutal de la obesidad y la consideración de epidemia que vino a otorgarle la OMS. En paralelo, todo el complejo sistema de distribución y consumo mundial de la hamburguesa comenzó a relacionarse con agresiones al medio ambiente y a indeseables modificaciones en los patrones culturales de sociabilidad y convivencialidad.

FAST FOOD NATION

El banderazo de salida para esta carrera global de demonización de la hamburguesa lo dio sin duda la publicación, en 2002, del libro *Fast Food Nation: The Dark Side of the All-American Meal*, un trabajo de concienzuda investigación periodística protagonizado por Eric Schlosser, que ponía de relieve los drásticos cambios que la comida rápida y su estrella «hamburgueseril» habían producido en muchísimos ámbitos, entre los que destacaban, además de la dieta, las relaciones laborales, el medio ambiente, el paisaje, la agricultura y la estructura misma del capitalismo.

La visualización y difusión social de estos elementos se verían después enormemente reforzados cuando en 2006 se estrenó la película *Fast Food Nation*, donde aparecía todo un mafioso entramado de turbias maquinaciones y oscuras intrigas protagonizadas por la industria cárnica en el contexto geográfico de la frontera entre los Estados Unidos y México. De pronto, por una u otra vía, millones de consumidores en todo el mundo comprendieron que el negocio de la hamburguesa y su correlato de monocultivo de ganado vacuno, modificaba y arrasaba grandes territorios, e incluso Estados, desertizando el entorno y contaminado de manera irreversible el territorio. Descubrieron también datos tan incontrovertibles como que para la producción de un kilo de carne para hamburguesa se consumía 12 veces más agua que la necesaria para producir un kilo de pan, 64 veces más que la correspondiente a un kilo de patatas y 86 veces más que la necesaria para generar un kilo de tomates.

SUPER SIZE ME

Dos años antes, en 2004, se había estrenado un documental, *Super Size Me*, que había conmocionado al mundo desde la óptica estrictamente nutricional.

El documental, escrito, producido, dirigido y protagonizado por Morgan Spurlock, un cineasta independiente norteamericano, relataba el experimento del protagonista que durante treinta días se alimentaba, incluyendo desayuno, comida y cena, en los establecimientos McDonald's próximos a su domicilio, en la isla neoyorquina de Manhattan.

Antes de comenzar con su experimento, Spurlock hacía una dieta bastante equilibrada, estaba sano, relativamente delgado y con un perfil excelente de masa corporal en la relación de 1,88 m de altura por 84,1 kg de peso.

Cuando el ensayo estaba a punto de concluir, había ganado 11,1 kg de peso, su índice de masa corporal había pasado de 23,2 a 26, lo que implicaba sobrepeso, su humor había cambiado radicalmente, sufría episodios depresivos, el estómago se le había dilatado peligrosamente y los vómitos eran frecuentes, su hígado y su sistema cardiovascular estaban seriamente tocados, la libido había casi desaparecido y su novia daba fe de serias disfunciones sexuales. Bajo estricta vigilancia médica, tardó cinco meses en volver a los estándares de peso y salud anteriores al inicio del experimento.

A las pocas semanas del estreno del controvertido documental *McDonald's* eliminó de sus menús el tamaño *super size*, introdujo alternativas saludables como ensaladas y agua, y lanzó un nuevo menú *happy meal* adulto con un considerablemente menor contenido calórico. Todo ello sosteniendo con firmeza que tales decisiones nada tenían que ver con el documental de Spurlock, ya que las modificaciones habían sido decididas con anterioridad a su estreno.

EL INQUIETANTE SECRETO DE LA HAMBURGUESA ETERNA

Otro elemento que en esta etapa contribuyó decisivamente a la mala imagen de la hamburguesa fue su aparente y muy sospechosa ausencia de caducidad de los ingredientes.

El experimento más famoso en este ámbito fue el presentado por Len Foley en 2007 con un video titulado *La hamburguesa inmortal o biónica*, que en YouTube hace tiempo superó los tres millones y medio de visitas (http://youtu.be/mYyDXH1amic), en el que se narra la historia de un individuo que el primero de enero de 1989 guarda una hamburguesa de McDonald's en el bolsillo de su cazadora y se olvida de ella, volviéndola a encontrar un año después y sorprendentemente intacta. Cuando les cuenta el incidente a sus amigos, estos no le creen y ello le impulsa a empezar a coleccionar distintos tipos de hamburguesas en el sótano de su casa, en las que va colocando un rótulo con la fecha de compra. Pasados 19 años la colección es extensa y el grado de conservación casi idénticamente espléndido para todas las piezas.

Len Foley es el propietario del *Museo de la Hamburguesa* y en su página incluso enseña a los visitantes a montar uno parecido (www.bionicburger.com), así como a crear su propia hamburguesa inmortal. Pero lo cierto es que en su momento el testimonio pasó bastante desapercibido y no sería hasta 2010 cuando la idea pasara a formar parte del imaginario popular.

El 10 de abril de ese mismo año la fotógrafa neoyorquina Sally Davies compró un menú infantil en un establecimiento de la cadena McDonald's, empezó a fotografiarlo diariamente y a colgar las imágenes en la red. Tras dos años, millones de usuarios de Internet de todo el mundo pudieron verificar que el *happy meal* se mantenía completamente intacto. La fotógrafa resumía así la experiencia: «Me cuesta creer que han pasado dos años desde el día que la compré. Yo parezco dos años mayor, pero para la hamburguesa no pasa el tiempo [···] Continuaré fotografiando la hamburguesa hasta que se desintegre, lo que puede llevarme el resto de mi vida natural».

Aquilatando los parámetros de este y otros experimentos similares, la nutricionista Karen Hanrahan afirma que las hamburguesas que se venden en cadenas de comida rápida pueden permanecer más de doce años, quizá muchos más, sin pudrirse, aunque se secan un poco y empiezan a tener un olor algo extraño.

Según el pionero Len Foley, la razón de este fenómeno extraordinario hay que buscarla en los varios inquietantes productos que forman parte de la composición de la hamburguesa McDonalds, entre los que se incluyen cloroformo, xileno, serene, riboflavina, sodio estearoil lactilato, clorotolueno e incluso Dicloro Difenil Tricloroetano, o DDT, el insecticida cuyo uso agrícola fue prohibido en los Estados Unidos en 1972 por su gran peligrosidad, pero que la multinacional *Monsanto* sigue vendiendo a medio mundo.

Por su parte, Michael Allen Adams, o Mike Adams, autoproclamado *Health Ranger* o vigilante de la salud, propietario y fundador del *web site Natural News,* escribía en octubre de 2010: «En mi opinión, la razón por la que nada se va a comer un bollo de hamburguesa de McDonald's (con excepción de un ser humano) es ¡porque no es comida! [···]. Hay una sola especie en el planeta Tierra que es tan estúpida como para pensar en una hamburguesa de McDonald's como comida. Esta especie está sufriendo de escalofriantes tasas de incremento de diabetes, cáncer, enfermedades cardiacas, demencia y obesidad [···]. Esta especie afirma ser la más inteligente sobre el planeta y, sin embargo, se comporta de manera tan estúpida que alimenta a sus propios niños con químicos venenosos y atroces no-alimentos que ni siquiera los hongos se comerían, y eso que los hongos se comen hasta el estiércol de las vacas».

Así las cosas, en 2006 la todopoderosa factoría Walt Disney rompía su acuerdo con McDonald's para regalar juguetes en los menús infantiles, para que su imagen dejara de asociarse a la comida chatarra o basura.

PERO... ¿DÓNDE ESTÁ LA VACA?

En 2008, un equipo de médicos y patólogos norteamericanos publicó en la prestigiosa revista *Annals of Diagnostic Pathology* los sorprendentes resultados de su investigación sobre los contenidos de ocho marcas distintas de hamburguesas adquiridas en locales y cadenas *fast food.*

Antes de entrar en el detalle es imprescindible recordar que sólo en los estadios de béisbol estadounidenses se consumen al año unos cinco billones de hamburguesas, y que para satisfacer tan fabulosa demanda es preciso que unas 4.100 vacas se sacrifiquen cada hora en todas las horas de los 365 días del año. Sin necesidad de echar mano de la calculadora, cualquiera cae en la cuenta de que la estadística remite a muchísimas vacas, pero la pregunta relevante es cuánto hay de vaca en una hamburguesa popular.

Los datos revelados en *Annals of Diagnostic Pathology* pueden dejar boquiabierto al menos avisado y hacer estremecer al poco templado.

Para empezar, el componente principal de las hamburguesas analizadas era el agua, que oscilaba para las ocho muestras entre un 37,7 y un 62,4 por ciento del peso total, lo que daba una media del 49 por ciento. Hasta aquí, no obstante, nada que deba alarmar porque se trata de un ratio situado en la normalidad de la composición de un mamífero.

El segundo parámetro resultaba más chocante ya que el contenido de carne, lo que se dice carne o más precisamente tejido muscular esquelético, oscilaba entre un 2,1 y un 14,8 por ciento de la superficie de una sección transversal. Mucha vaca sacrificada para tan poca presencia de carne en la hamburguesa que el cliente se lleva a la boca. Pero lo siguiente ya empezaba a ser para dejarla abierta y bien abierta.

En siete de las ocho marcas de hamburguesas analizadas aparecieron abundantes fragmentos de hueso; en dos de las ocho se constató la presencia de una cantidad apreciable de material vegetal que, supuestamente, había sido usado como relleno y sustituto de la no carne; también en dos de las ocho aparecieron parásitos intracelulares del tipo *sarcocytis*, que revelan que el animal ha ingerido material contaminado con las heces de otro animal; por último, en todas las muestras se detectó una abundantísima cantidad de restos de tejido conjuntivo, vasos sanguíneos, nervios periféricos, tejido adiposo y cartílagos.

Al final, sólo una buena noticia: en ninguna de la muestras se encontró tejido cerebral, es decir, no había vacas locas. Todas estaban relativamente cuerdas.

EL PROCESO DE LA PORQUERÍA ROSA O LA CRUZADA DE OLIVIER

Por si faltaba rematar la mala imagen de la hamburguesa como símbolo e icono del *fast food*, en 2012 el popularísimo y televisivo chef inglés James Trevor «Jamie» Oliver, MBE o miembro de la Excelentísima Orden del Imperio Británico, decidió emprender una auténtica cruzada contra el infiel McDonald's, evidenciando que la multinacional trataba las partes de la carne de res, que en principio no son aptas para el consumo humano, con un agente antimicrobiano, el hidróxido de amonio, que él llama «porquería rosa», para preparar y hacer comestibles su afamadas hamburguesas.

Según Oliver: «Estamos hablando de carnes que hubieran sido vendidas como alimento para perros y después de este proceso se les sirve a seres humanos», para añadir y preguntarse a continuación: «¿Qué ser humano en su sano juicio pondría un trozo de carne remojada en hidróxido de amonio en la boca de un niño?».

Aunque desde 1974 la todopoderosa Food and Drug Administration (FDA) asegure que el uso que la industria alimentaria hace del hidróxido de amonio, que en definitiva no es otra cosa que amoniaco disuelto en agua, no supone peligro alguno para la salud de la ciudadanía, el deterioro de la imagen de la hamburguesa McDonald's ha sido tan brutal que la cadena ha dejado de utilizar este método, aunque matizando, como ya lo hiciera en el caso de la *super size me*, y para quien se lo quiera creer, que en su decisión no ha influido en absoluto el escándalo protagonizado por Oliver.

REACCIÓN A LA DESESPERADA Y EN CLAVE APARENTEMENTE SALUDABLE

Probablemente más preocupados por los dividendos que por la salud nutricional de la población, las grandes franquicias empezaron a incluir ensaladas en sus menús, folletos de ejercicios y sesgada información nutricional de nuevas propuestas con menos grasa y calorías.

Con todo, esta tendencia generalizada hacía lo saludable y lo *light* eluden la realidad de que los indeseables efectos del consumo desmesurado de hamburguesas no están tanto en la propia hamburguesa como en los aditamentos, más o menos alimentos, que la acompañan y en los que no se ha introducido modificación alguna. Dicho de otra manera, el meollo de la cuestión sigue estando en la mayonesa, una fuente potentísima de grasas saturadas y trans, que aumentan los riesgos de accidente cardiovascular; el kétchup, con un alto contenido en azúcares refinados, que debilitan el sistema inmunológico y cuyo consumo excesivo está directamente relacionado con la mayoría de las enfermedades crónicas comunes en las sociedades «desarrolladas», como la diabetes, la hipertensión, la ateroesclerosis, la obesidad, la candidiasis, el síndrome premenstrual e incluso el cáncer; patatas fritas, extraordinariamente calóricas, ricas en grasas no saludables y generosísimas, lo que en conjunto remite a riesgos de sobrepeso y obesidad, junto a muchas de las dolencias anteriormente expuestas; refrescos azucarados, con gas y con frecuencia excitantes, y, postres lácteos, igualmente rezumantes de grasas saturadas y azúcares simples.

AUNQUE... SI NO QUIERES CALDO, TOMA TRES TAZAS

Frente a la moda y tendencia de lo, al menos en apariencia, saludable y *light*, se alza toda una oferta recalcitrante que, lejos de conformarse con la tradicional bomba calórica que supone la minuta «hamburgueseril», exhibe un auténtico arsenal atómico que sobrepasa con largueza las casi habituales mil kilocalorías por menú.

Es el caso, por ejemplo, de Heart Attack Grill, en Las Vegas, Nevada, donde el cliente puede embaularse 8.000 calorías de una sentada, y donde a los propietarios no les duelen prendas a la hora de admitir que uno de su parroquianos murió de un ataque al corazón tras deleitarse con una de sus *bypass triple*. Claro que ese no es el top, porque por encima se sitúa la *quadruple bypass burger*, de cuatro pisos, incontables lonchas de bacón, ocho láminas de queso, litros de salsa y patatas fritas en manteca de cerdo, y lo grande del asunto es que en ningún caso alguien podría argumentar encubrimiento o engaño.

La decoración de Heart Attack Grill intenta reproducir el ambiente de un centro de salud, las camareras llevan uniforme de enfermeras y a los clientes les ponen una bata abierta por detrás y una pulsera blanca de ingreso hospitalario. Por si cupiera aún algún atisbo de incertidumbre o duda, tras esas pantagruélicas pitanzas, las enfermeras-camareras llevan en silla de ruedas hasta su coche a los clientes que se han comportado conforme a los cánones.

En la misma línea y con voluntad de record de insalubridad se sitúa el restaurante *fast food* del Estadio Fifth Third Ballpark, sede del equipo de béisbol West Michigan Whitecaps, sito en Comstock Park, al norte de Grand Rapids, en el Estado de Michigan. La estrella del local es la *fifth third burger*, un impresionante hamburguesón de pan de sésamo con cinco piezas de carne cubiertas de salsa de chile y acompañadas de nachos, cinco láminas de queso, rodajas de tomate y lechuga. La *fifth third burger* aporta unos 4.800 calorías, bastante más del doble de la ingesta diaria recomendada para un adulto, y contiene 300 g de grasa saturada, 744 mg de colesterol y 10.000 mg de sodio. La leyenda dice que con solo olerla el organismo se embolsa 25 calorías.

NEGANDO LA MAYOR O EL SALTO DE CHATARRA A GOURMET

En los albores del siglo XXI el concepto mundialmente asentado sobre la hamburguesa como producto popular, de escasa calidad y fórmula alimentaria para salir sin más del paso, da un giro copernicano en su estricto y metafórico sentido de cambio radical respecto a la filosofía tradicional. La anónima masa cárnica aderezada en sota, caballo y rey salta a la alta cocina de la mano de un chef francés afincado en los Estados Unidos, Daniel Boulud, propietario del restaurante neoyorquino *Daniel*, con tres estrellas Michelin, y de otros establecimientos en Las Vegas, Palm Beach y Miami, quien además es autor de libros de éxito como *Cooking with Daniel Boulud* (1993), *Letters to a Young Chef* (2003) o *Braise: A Journey Through International Cuisine* (2006).

En 2000, Boulud empieza a ofrecer en su local de referencia una hamburguesa al *foie gras* al inmódico precio de 29 dólares, que la clientela acoge con extraordinario entusiasmo. La carrera con inicio en comida chatarra y meta en bocado *gourmet* ha recibido el banderazo de salida.

ESPAÑA SE PONE EN LÍNEA

Iniciativas en similar sentido empiezan a sucederse en todo el mundo y España no permanece ajena al fenómeno. En 2007 surge Hamburguesa Nostra sobre la base de otra firma, Raza Nostra, una empresa especializada en carnes españolas certificadas, indicaciones geográficas protegidas y marcas de calidad, ubicada en el madrileño mercado municipal de Chamartín. Ese mismo año se empiezan a comercializar cinco variedades de hamburguesas de gran calidad en fresco y al siguiente se incorpora al proyecto al televisivo chef Juan Pozuelo, a quien se le asigna la tarea de reconsiderar las recetas en marcha, crear otras nuevas y reforzar la marca del producto. En 2009 se crea una imagen corporativa diferenciada y se eleva la oferta a una treintena de variedades de hamburguesas *gourmet*, con diferentes composiciones y libres de conservantes.

En puridad, lo que vende Hamburguesa Nostra no son exactamente hamburguesas sino *patty's*, que es como se denomina en los Estados Unidos, Australia y Nueva Zelanda a la *redondela* de carne que si se mete entre rodelas de pan y se acompaña de aros de cebolla, hojas de lechuga y demás aditamentos, ya puede llamarse hamburguesa. Por otra parte y rizando el rizo, si la *patty's* se presenta completamente desnuda recibe el nombre de *Salisbury steak*, en tributo y homenaje al doctor James Henry Salisbury (1823-1905), quien a finales del siglo XIX recomendó incorporar a la dieta de pacientes decaídos la después popular albóndiga de carne picada y prensada. La denominación *Salisbury steak* alcanzó gran predicamento durante la Primera Guerra Mundial gracias a la exacerbación del nacionalismo norteamericano que intentaba borrar todo aquello que se relacionara con lo alemán, una práctica que el franquismo calcó en la posguerra en referencia a lo ruso y que convirtió el popular filete ruso, una suerte de *Salisbury steak*, en filete a la vienesa.

El último en apuntarse a la tendencia es el muy afamado chef José Andrés, propietario de restaurantes en los Estados Unidos de costa a costa, de Washington a Los Ángeles, y gran embajador del pincho y la tapa en esas tierras. A comienzos de 2014 ha llegado a un acuerdo para incorporarse a Umami Burger, una de las cadenas de comida rápida de mayor crecimiento en los Estados Unidos desde su fundación en 2009 y que ya se encuentra establecida en California, Florida, Nueva York y Nevada. Desde el 20 de mayo, y junto a un pequeño repertorio de pinchos variados, en el menú de Umami Burger figura la *José Andrés Burger*, en una españolísima fórmula a base de carne de cerdo aliñada con una confitura de pimientos del piquillo, cebolla caramelizada y queso manchego.

EL FENÓMENO GARNIER

En el camino de «gourmetización» de la hamburguesa uno de los grandes pasos, casi zancada, se dio cuando en 2010 el chef francés Victor Garnier degustó en Santa Mónica, California, una hamburguesa que más que entusiasmarle, y según sus propias palabras, le «cambió la vida», lo que inmediatamente le animó a abrir dos locales en París bajo el nombre de Blend Hamburger Gourmet, que en poquísimo tiempo se convirtieron en un fenómeno de extraordinario éxito visualizado en grandes colas para adquirir y catar las novedosas propuestas.

En estrecha colaboración con el carnicero y gurú del corte Yves-Marie Le Bourdonnec, Garnier empieza a diseñar hamburguesas *blend*, un término que en inglés significa mezcla y que ellos dirigen hacia la fusión de calidades. Como bagaje testimonial de la experiencia, en 2012 se publica el libro *Hamburger Gourmet*, que la editorial Lumwerg traduce y lanza en español al año siguiente. En el mismo, Garnier, en colaboración con David Japy y Élodie Rambaud, presenta cincuenta recetas de hamburguesas *gourmet* de carne, pescado y vegetales, entre las que incluye propuestas tan originales y apetitosas como las de pollo a la páprika, de buey al *whisky*, de queso Brevis y confitura de cereza, de cerdo y rábano, de gamba thai, de buey y confitura de higos, de vieira y cacao, de bulgur, nuez y comino, de quinoa o quinua, de tofu, de judías, de cordero al ajo con confitura de leche, o de buey con hinojo y champiñones, siempre acompañadas de variados y exquisitos tipos de lechugas y tan deliciosas como imaginativas salsas.

¿MODA O ASENTAMIENTO DE UN NUEVO CONCEPTO?

Como ante cualquier nuevo concepto, e incluso en cierta medida cambio de paradigma, las opiniones frente al fenómeno van desde la consideración de simple moda a la de tendencia fundamentada y durable.

En la primera visión se encontraría, por ejemplo, el chef de la cadena The Burger Lab, Edmundo González, quien considera que «[···] todo esto es pura moda. Quizá dentro de cuatro años se ponga de moda la comida hindú y nos toque cerrar todas las hamburgueserías. Nunca se sabe». En el segundo patrón conceptual se hallaría el ya citado Juan Pozuelo, chef de Hamburguesa Nostra, quien dice: «Existe un consumo mayoritario de hamburguesas desde hace muchos años pero lo que sí ha acontecido es una nueva incursión de la alta cocina en esta área. Al ser un producto barato siempre se ha asociado con la baja calidad. Además, al tratarse de carne picada, a menudo se teme que se use para aprovechar las zonas menos nobles del ganado, pero en realidad la carne picada se ha usado mucho en platos de altísima calidad».

En proximidad a esta segunda línea, Paco Pérez, el chef de la hamburguesería La Royale, explica el gran auge de la hamburguesa *gourmet* por «[...] la evolución lógica de la pluralidad cultural de nuestra gastronomía [···]. Una gran hamburguesa debe tener sobre todo carne de calidad, si es ecológica, mejor. Además, debes picarla tú, para no tener ninguna duda sobre la carne que lleva. El pan también es importantísimo. A partir de ahí, la imaginación al poder [···]. Para sorprender es fundamental jugar con los sabores, salir de la hamburguesa clásica de bacón y queso».

EL CULMEN DE LAS HAMBURGUESAS GOURMET Y EL LIBRO DEFINITIVO DE LA TENDENCIA

Entre sus manos el lector tiene el libro que, sin hipérbole, puede calificarse como definitivo, en forma de ameno compendio categórico de máximo nivel en lo que se refiere al novedoso concepto de hamburguesa *gourmet* o de «alta costura».

Como en el caso de la pareja Victor Garnier e Yves-Marie Le Bourdonnec, lo que en estas páginas se ofrece es fruto de la colaboración y ensamblaje conceptual de un tándem, Joaquín Felipe Senior y Joaquín Felipe Junior, formado por un chef y un especialista en distintas carnes y en diferentes cortes. Parecido sin duda al de los franceses, pero con un plus de enriquecedores matices, porque aquí estamos ante padre e hijo que además de llevar años trabajando, formándose y creciendo en fructíferos paralelismos, en cada uno de ellos se conforma un bagaje personal particularísimo que, puesto en común, ha culminado en una obra de altas miras y que bien podría considerarse concluyente si no abriera, como lo hace, amplios horizontes creativos y posibilidades de tránsito futuro por caminos nuevos.

JOAQUÍN FELIPE SENIOR, ALTA COCINA Y SUSTANCIAS DE RONQUEO

Joaquín Felipe es uno de los grandes chefs españoles consolidados y con una trayectoria de múltiples tonalidades que le ha permitido separar el grano de la paja, sintetizar y ver mucho más allá de los límites que cíclica y caprichosamente van dibujando las modas y tendencias más o menos improvisadas, sensatas o durables.

Orgulloso discípulo del chef Luis Irizar en su restaurante madrileño Euskal Etxea, y formado en su Escuela de San Sebastián, el devenir profesional de este cocinero fundamentado comenzó en el Catering de Paradís, en Madrid, donde ocupó los puestos de jefe de cocina y jefe del centro de producción, para después ponerse al frente de la cocina del restaurante El Chaflán, cerrando un periodo en el que pudo sintetizar creativamente la experiencia de montajes multitudinarios con la del contacto en proximidad en un local de alto nivel gastronómico. Finalizada esa etapa, pasó a integrarse como jefe de cocina del hotel Villarreal y del restaurante Europa Decó del hotel Urban de Madrid, donde desarrolló una espectacular labor de puesta en valor de la cocina mediterránea de vanguardia. Ávido de nuevos retos profesionales, a finales de 2012 montó un restaurante al que puso su propio nombre, Joaquín Felipe, una experiencia de éxito notable que duró lo que tenía que durar, para llevarle, en un nuevo salto adelante a los mandos de la cocina del restaurante Aspen, enclavado en la lujosa urbanización de La Moraleja, muy cerca de la metrópoli madrileña, donde actualmente desarrolla su siempre creativa y concienzuda labor coquinaria.

En ese tiempo, además de realizar *stages* en grandes cocinas para empaparse de lo que en ellas se cuece en los sentidos literal y metafórico, ha sido viajero incansable por los nichos más fecundos del gran producto que llega a sus fogones. Así, se ha ido llegando con regularidad y fervor a las huertas, al campo y al mar de orilla, donde se encuentran las lonjas, y al de profundidad, en el que faenan los pescadores y donde, entre otras muchas cosas, fue aprendiendo el arte del ronqueo al atún, que es el despiece del gran pez donde se van desgranando mormo, morrillo, lomo, ventrecha o ijar, parpatana y demás piezas que conforman la anatomía coquinaria del túnido, que en última instancia constituyen el fundamento de cualquier división o corte en las que final y venturosamente se ha visto envuelto a la hora de dar forma, genio y figura a este libro.

JOAQUÍN FELIPE JUNIOR O EL ARTE DE DESPIEZAR SOBRE FUNDAMENTOS GEOGRÁFICOS Y CULINARIOS

El junior de la dupla es geógrafo de formación académica, lo cual ha debido serle de enorme utilidad a la hora de conocer y determinar espacios, accidentes, características topográficas y geomorfológicas, que para el caso se convierten en infiltraciones grasas, nervios, durezas o cartílagos.

A mayor abundamiento, Joaquín Felipe Junior también es cocinero. Formado junto a su padre con los chefs Josu Muguerza, del elgobaitarra Belaustegi Baserria, y Pedro Olmedo, del Casino de Torrelodones, y en las cocinas del hotel Derby londinense, desde hace una década su carrera profesional se ha orientado hacia la selección y venta de productos cárnicos de alta gama a cocineros que han decidido dar un salto adelante en su oferta coquinaria.

MEDIO CENTENAR DE RECETAS NOVEDOSAS, EXQUISITAS Y CON VOCACIÓN VENIDERA

La propuesta de hamburguesas de nuevo cuño y paleta de delicia palatal, se ha basado en las razas vacunas nacionales como rubia gallega, asturiana de los valles, avileña negra ibérica y retinto, e internacionales, como wagyu, aberdeen angus, simmental y la frisona holstein. Tal selección se amplía y completa con otras carnes ajenas al vacuno pero con infinitas posibilidades, como las de cerdo ibérico, pollo ecológico, oca ibérica, perdiz roja de caza, venado, búfalo, salmón, ternasco, vegetales e híbridas de mar y montaña que protagonizan gambas y pollo.

Finalmente, son cincuenta las fórmulas que se presentan y en todas ellas hay un poso de alta cocina. De hecho, no sería aventurado calificar el recetario como medio centenar de platos de pompa y circunstancia que llevan incluida una hamburguesa.

Platos, hamburguesas y recetas de superior nivel, pero cuya confección está al alcance de cualquier *foodie* que en la línea del chef Jamie Oliver o del escritor, periodista y activista estadunidense Michael Pollan, autor del apasionante libro *Cocinar*, haya decidido comer comida y volver a gozar a la limón de la buena mesa y la exquisita hamburguesa. Platos, hamburguesas y recetas en espléndido y suntuoso presente pero también con vocación venidera, porque en el libro se ha utilizado una sola pieza para cada receta, dejando abierta la posibilidad de un futuro en el que empiecen a mezclarse varias para fundir sus características y potenciales respectivos.

Por esos magníficos presente y porvenir es preciso, justo y necesario brindar en este punto, y para ello nada mejor que dejarse aconsejar y seguir indicaciones de los vinos, cervezas y cavas, cada cual a su elección, que ha propuesto para el caso el sumiller Natalio del Amo.

¡¡¡Salud y hamburguesa!!!

PARTE I
RAZAS NACIONALES

RAZA ASTURIANA DE LOS VALLES: XATA ROXA

Tras la crisis sucedida a mediados del siglo XX, debido a la introducción de otras razas y su consecuente arrinconamiento, la raza asturiana de los valles fue tomando conciencia en muchos de los ganaderos de la zona, llegando a distribuirse en la actualidad por gran parte de la cornisa cantábrica y comunidades autónomas anexas. Su carácter multifuncional en cuanto a producción se refiere: leche, carne y trabajo, han sido factores clave tradicionalmente.

Su docilidad y buen instinto maternal, la han orientado hacia una aptitud de producción cárnica, con resultados excelentes en el desarrollo muscular, en una menor proporción de hueso y grasa y por tanto en el rendimiento de sus canales (63%). Las hembras llegan a unos pesos de 600-700 kg y los machos llegan hasta los 1000 kg de peso en vivo. La coloración de su capa varía desde un amarillo pajizo hasta un castaño rojizo, siendo por norma más oscuro en los machos. Su cornamenta característica, con color amarillento blanquecino en la base, termina ennegrecido en las puntas, al igual que el borlón de su cola.

Presenta una morfología ancha, bien musculada y alineada, con extremidades fuertes de longitud media y piernas redondeadas y anchas.

El sistema de explotación que se aplica está basado principalmente en el pastoreo permanente a lo largo del año en praderas naturales de valle y monte del lugar según las temporadas del año, sin apenas complementos ajenos a la explotación. La estabulación y cebado sólo se aplica a los terneros destetados como proceso de finalización. De este modo, podemos encontrar como productos tipo, la ternera, con edades inferiores a los 12 meses y el Añojo, entre 12 y 18 meses de edad. Ambos productos se enmarcan dentro de la Indicación Geográfica Protegida de "Ternera Asturiana" con la marca Xata Roxa.

Para la elaboración de las hamburguesas de esta raza asturiana, se ha seleccionado una pieza de gran terneza, jugosidad y sin exceso de grasa: CADERA. Ubicada en el tercio posterior del animal, comprende la parte más alta de la pierna. Está conformada por 3 piezas: rabillo, cantero y corazón. Cada una de estas partes ofrece distintas posibilidades en cocina, pasando tradicionalmente por filetes para plancha o parrilla a cocinados del tipo roast beef, filette mignon o crudos para un tartar.

Hamburguesa "a La Sidra"

Ingredientes:

- 1.200 kg de carne picada de cadera
- 6 manzanas golden perlim
- 300 gr de cebolla dulce
- 1 cucharada de mostaza Dijon
- 1 cucharada de mostaza de estragón
- 1 cucharada de mostaza de grano entero
- 1 ramillete de estragón fresco
- 1 botella de sidra asturiana
- 6 hogazas gallega
- Aceite de oliva virgen extra
- Sal y pimienta

Elaboración:

1. Aliñar la carne con las tres mostazas.
2. En una cazuela con un poco de aceite rehogar la cebolla cortada en juliana, añadir la manzana cortada en gajos sin el corazón, mojar con la sidra y cocinarla hasta que esté blanda pero no puré, picar unas hojas de estragón fresco, añadirlas y salpimentar todo.
3. Asar la carne en una parrilla o plancha formando hamburguesas de unos 200 gr.
4. Cortar la hogaza en trozos de 20x5 y tostar.
5. Colocar en la base de un plato el pan, encima la hamburguesa y acompañando la manzana a la sidra y el estragón.

Mini hamburguesa "a La Asturiana"

Ingredientes:

- 1.200 kg de carne picada de cadera
- 350 gr de queso Afuega'l pitu
- 2 dientes de ajo
- 1 hoja laurel
- 1 ramillete de hojas de cilantro
- 100 gr de alcaparras
- Orégano fresco
- Ramitas de tomillo
- Aceite de oliva virgen extra
- 200 gr de pan de maíz
- Sal y pimienta

Elaboración:

1. Cortar en tostas el pan de maíz, frotarlo con el ajo, tostarlo y cortarlo en dados pequeños.
2. Aliñar la carne con los dados de pan de maíz tostados y salpimentar.
3. Cortar el queso Afuega'l pitu en tacos, cortar el ajo en rodajas, mezclar con las hojas de cilantro machacadas en el mortero.
4. Poner los tacos de queso bien apretados en un tarro con la hoja de laurel, intercalando capas de queso y ajo, cilantro picado, alcaparras, orégano fresco y ramitas de tomillo. Dejar reposar unas horas en el tarro o guardar en nevera para conservar.
5. Asar a la parrilla o plancha las mini hamburguesas formadas en 60 gr.
6. Sacamos los tacos de queso del tarro para acompañar en un plato tres mini hamburguesas por comensal.

Hamburguesa "Provenzal"

Ingredientes:

- 1.200 kg de carne picada de cadera
- 1 kg de castañas
- 120 gr de cebolla dulce
- 50 gr de espinacas
- 5 gr de perejil picado
- 5 gr de albahaca picada
- 5 gr perifollo picado
- 2 dl de crema agria
- Sal y pimienta
- Aceite de oliva virgen extra
- 6 piezas de pan de brioche

Elaboración:

1. En una cazuela pequeña con un poco de aceite estofar la cebolla cortada fina (brunoise).
2. Aliñar la carne con la cebolla, las espinacas picadas, el perejil, la albahaca, el perifollo, la sal y la pimienta.
3. Pelar las castañas y cocer en agua hirviendo con sal por espacio de media hora aproximadamente, deben quedar enteras. Seguidamente escurrir y quitarles la segunda piel. Saltear en una sartén con un poco de aceite.
4. Formar hamburguesas de 200 gr y freírlas en sartén.
5. Cortar y tostar el pan de brioche.
6. Colocar en un plato el pan abierto en una cara asentar la carne, en la otra las castañas y acompañar con la nata agria.

Hamburguesa "bollos preñaos"

Ingredientes:

- 1 kg de carne picada de cadera
- 150 gr de jamón ibérico
- ½ kg de tomate
- 1 cebolla dulce
- 2 dientes de ajo
- 2 pimientos morrones
- Aceite de oliva virgen extra
- Sal y pimienta

Masa de pan:

- 1 kg de harina
- ½ l de agua
- 50 gr de levadura
- Sal

Elaboración:

1. Para la masa de pan coger una taza mediana con agua caliente y desleír la levadura y dos cucharadas de harina, lo dejamos fermentar durante dos horas. Después mezclar con el resto de la harina, agua templada y sal.
2. En una sartén con un poco de aceite poner la cebolla cortada y el ajo picado, cuando esté sofrito, añadir el tomate picado, pelado, despepitado y los pimientos morrones. Dejar cocinar bien. Pasar por un pasapurés y añadir el jamón picado fino. Salpimentar.
3. Aliñar la carne con el puré de tomate y pimiento morrón.
4. Formar hamburguesas de 100 gr.
5. Dividir la masa de pan, estirar y rellenarla con la hamburguesa, dejar fermentar pintar con huevo y meter al horno.
6. Servir recién sacadas del horno.

Hamburguesa "costa cantábrica"

Ingredientes:

- 1.200 kg de carne picada de cadera
- 24 aceitunas rellenas
- 18 lomos de filetes de anchoa
- 40 gr mantequilla de anchoas (20 gr de mantequilla con 20 gr de anchoa limpia, triturado)
- 2 manojos de berros
- Sal y pimienta
- Pan de tomate 60 gr

Elaboración:

1. Aliñar la carne con las aceitunas rellenas y picadas, salpimentar.
2. Formar hamburguesas de 200 gr.
3. Asar en parrilla las hamburguesas. Extender la mantequilla de anchoas encima de la carne.
4. Poner en un plato, el pan de tomate abierto y tostado colocar en mitad del pan la hamburguesa, encima tres lomos de anchoas y en la otra mitad del pan los berros aliñados con aceite y sal.

RAZA AVILEÑA (NEGRA IBÉRICA)

Es una raza endémica española que se desarrolló a lo largo y ancho del conjunto montañoso conocido en la zona centro peninsular: El Sistema Central, cuyas poblaciones aunaban lo que se denominaba como raza serrana a excepción de la zona abulense, que nombraba a la raza como avileña. Las diferentes confusiones de otros bovinos con la raza serrana hizo que esta pasara a denominarse como Negra Ibérica. Así pues, la selección exhaustiva de los mejores ejemplares de avileña y su mejora genética con animales de Negra ibérica, dio forma a la que hoy conocemos con la raza avileña negra ibérica.

Su distribución actual se ha expandido no solo en sus zonas de origen, sino a gran parte de la península ibérica, con un total de 18 provincias y 8 comunidades autónomas como zonas de explotación. Su fuerte carácter de rusticidad le permite soportar duras condiciones climáticas en la montaña y dificultades alimenticias en sus procesos trashumantes.

Son animales de gran fertilidad y facilidad de parto, además de ser bastante longevos. A pesar de su vinculación en el laboreo del campo, su producción actual está en el sector cárnico, cuyos tipos comerciales son la ternera y el añojo.

El primero de ellos oscila entre los 5 y 8 meses de edad con un peso medio de 200 kg y el añojo, ya sea a través de estabulación desde el destete hasta los 18 meses de edad o manteniéndolo en el pastoreo y un cebado final de 2 meses para llegar a los 20 meses, corresponde con un peso medio de 550 kg. En animales de edad adulta los machos pueden llegar hasta los 1000 kg y las hembras a los 600 kg.

Su color negro intenso y uniforme llega hasta las pezuñas, permitiendo solo en su cornamenta los colores blanquecinos a excepción de los pitones. De perfil cóncavo y gran musculatura en lomos y dorso, extremidades robustas y bien proporcionadas, la raza avileña negra ibérica goza de Indicación Geográfica Protegida desde 1998, siendo la primera carne fresca española en conseguir dicha denominación específica. El resultado obtenido, es una carne roja con grasa de color blanco a crema y una gran intensidad y calidad del sabor.

Considerando las categorías comerciales según la calidad de la carne (extra, primera, segunda y tercera) hemos seleccionado una pieza de primera: "BABILLA", localizada en el tercio posterior de la res, específicamente en la parte delantera de la pierna, entre la rodilla y la cadera. Forma ovalada y de pocos nervios. Puede dividirse en dos partes, siendo una más jugosa que la otra.

Hamburguesa con patata asada al carbón

Ingredientes:

- 1 kg de carne picada de babilla
- 10 patatas agrias de tamaño grande
- 250 gr de mantequilla
- 1 dl de aceite ahumado Valderrama
- 500 gr de cebolla dulce
- Sal y pimienta

Elaboración:

1. Cortar la cebolla dulce en cuadritos y en una sartén con un poco de aceite ponerla a pochar.
2. Aliñar la carne con sal y pimienta al gusto y la cebolla pochada.
3. Asar las patatas envueltas en papel de aluminio al rescoldo de las brasas o en horno convencional.
4. Abrir las patatas asadas presionando las puntas, una vez abiertas en caliente, aliñar con un tenedor la pulpa de la patata sin romper la piel con mantequilla 25 gr, sal y pimienta.
5. Formar hamburguesas de 100 gr y asar en parrilla o plancha.
6. En un plato colocar la patata asada con la hamburguesa asada dentro de la patata.

Hamburguesa cantagrullas con puré de manzana

Ingredientes:

- 1 kg de carne picada de babilla
- 500 gr de queso cantagrullas (oveja)
- 1 kg de manzanas reinetas
- 100 gr de mantequilla
- 100 gr de azúcar
- 50 gr de sal de apio
- 5 gr de pimienta se-chuan molida
- 150 gr de tsire (mixtura de especias para rebozado)
- 100 gr de huevo batido
- 2 dl de aceite de oliva suave

Elaboración:

1. Aliñar la carne con la sal de apio y la pimienta se-chuan.
2. Quitar el corazón a las manzanas y ponerlas a asar con mantequilla y azúcar en el horno a 150º unos 40 minutos aproximadamente.
3. Formar hamburguesas de 200 gr, pasarlas por huevo y rebozar en las mixturas de especias.
4. Freír en aceite las hamburguesas.
5. En un plato colocaremos la manzana asada, al lado 100 gr de queso cantagrullas y la hamburguesa frita.

Mini hamburguesa clásica en tempura

Ingredientes:

- 1 kg de carne picada de babilla
- 20 tomatitos cherry
- 1 lechuga tierna
- 1 cebolla dulce
- 400 gr de queso cheddar
- 125 gr de kétchup
- 125 gr de mostaza americana
- 20 panes mini burguer brioche
- 250 gr de harina de tempura
- Agua
- Sal y pimienta
- ½ l aceite de oliva virgen extra

Elaboración:

1. Aliñar al gusto la carne con sal y pimienta y formar mini hamburguesas de 50 gr.
2. Añadir agua fría poco a poco a la harina hasta conseguir una pasta fina que envuelva.
3. Abrir el pan de brioche, colocar la proporción de lechuga para el pan, el tomatito cherry abierto, la cebolla, los 20 gr de queso cheddar, la carne cruda de la mini hamburguesa, un punto de kétchup y otro de mostaza, cerrar con la otra cara del pan y planchar la minis con presión en frio.
4. Pasar las minis por la tempura y freír en abundante aceite de oliva.
5. Servir en bandejas acompañadas de kétchup y mostaza.

Hamburguesa trufada con buñuelo de huevo frito

Ingredientes:

- 1 kg de carne picada de babilla
- 100 gr de puré de trufa menalosporum
- 5 huevos de corral
- 5 unidades de pan candeal redondo
- 25 gr de pasas
- 25 gr de piñones
- 25 gr de dátiles
- 25 gr de orejones
- 25 gr de ciruelas pasas
- Sal y pimienta
- 1 dl de aceite de oliva virgen extra

Elaboración:

1. Aliñar la carne al gusto con sal y pimienta, con las pasas, piñones, dátiles, orejones, ciruelas pasas, todo muy picadito y el puré de trufa, mezclar todo bien y formar hamburguesas de 200 gr.
2. Cocer los huevos a baja temperatura 62º durante 35 minutos (o hacer huevos fritos tradicionales) y freír en aceite de oliva virgen extra, quedaran como un buñuelo.
3. Asar la carne en parrilla o plancha.
4. Abrir el pan candeal y tostarlo, colocar en un plato, en una cara del pan la hamburguesa trufada, encima el buñuelo de huevo y cerrar con la otra cara.

Niguiriburguer Trio "pimiento morrón, mango y limón"

Ingredientes:

- 1 kg de carne picada de babilla
- 100 gr de pimento morrón de lata
- 100 gr de mango
- 1 limón
- 20 gr de salsa soja
- 300 gr de arroz japonés grano redondo
- 360 ml de agua
- 4 cucharadas de vinagre de arroz
- 1 ½ cucharada de azúcar
- 1 ½ cucharada de sal

Elaboración:

1. Lavar el arroz sobre un colador, bajo un chorro de agua, hasta que el agua salga clara. Poner a hervir el agua y el arroz en una olla de cierre hermético. Reducir el fuego, poner la tapadera a la olla y cocer 15 minutos a fuego lento.

   Dejar reposar el arroz 10 minutos.

   Mezclar el vinagre, el azúcar y la sal, calentar ligeramente.

   Pasar el arroz a una fuente llana y aliñar con el preparado de vinagre.
2. Aliñar la carne con el pimiento morrón picado, el mango picado fino, rallar la corteza del limón, exprimir el zumo, la soja y mezclar todo bien.
3. Hacer bolitas de niguiri con el arroz, colocar la mini hamburguesa de unos 25 gr encima y asar ligeramente con soplete.
4. Colocar en bandejas.

RAZA RETINTA

Sus raíces dentro del Sur de la península ibérica son profundas y añejas. Extremadura y Andalucía son las comunidades autónomas con mayor representación, aunque también encontramos algunas ganaderías en Castilla la Mancha, Castilla León y Baleares.

Es una raza singular, muy adaptada a medios agroclimáticos adversos, con escasez de lluvias y altas temperaturas en determinadas épocas del año. Es por ello, que forma parte de uno de nuestros ecosistemas roturados durante siglos: la dehesa, áreas de gran valor paisajístico, a la vez que de gran funcionalidad ganadera. Esta rusticidad le permite realizar grandes desplazamientos en busca de pastos, que en aquellos momentos más duros, son complementados por forrajes y cereales.

Caracterizada por su pelaje rojo, en ocasiones más oscuro y otras más claro y rubio, permite su degradación alrededor de los ojos (ojo de perdiz). Cornamenta bien pronunciada en forma de gancho, coloración blanco-amarillenta con puntas oscuras. Son animales de perfil convexo, proporciones y longitud de gran tamaño, lomos anchos y notoriamente musculados, al igual que sus muslos y espalda. Extremidades robustas y bien proporcionadas. Los tipos comerciales que podemos encontrar, son terneros que tras el destete (5-7 meses) pasan al cebo y a su posterior sacrificio con un año, llegando a los 300 kg de peso medio.

También encontramos añojos de 18 meses, que siguen un programa de cría específico en estabulación libre por lotes homogéneos, con pesos de hasta 425 kg en los machos y 375 kg en las hembras. El rendimiento de las canales en los añojos supera el 52% y en cebones en estabulación llega al 60%.

Por su parte, las hembras pueden llegar a una vida productiva de 12 años de edad (9-10 partos) con pesos de hasta 900 kg y 1400 kg en el caso de los machos, cuando están preparados para exposiciones de feria.

La comercialización de esta carne está certificada por la marca de calidad: "Carne de Retinto y con el logo de autóctono 100% del Ministerio de Agricultura, Alimentación y Medio Ambiente en noviembre de 2013, siendo la primera raza en conseguirlo. El resultado obtenido, es una carne de gran prestigio en el sector de la restauración. Su carne roja es tierna y jugosa, cuyo sabor intenso, le hace al paladar imprimir un carácter propio y muy personal.

Haciendo uso del buen despiece que podemos encontrar en esta raza, hemos seleccionado la ESPALDILLA, una de las partes más jugosas y con buena aportación de grasa, que normalmente suele asarse entera o por el contrario dividirse en dos partes (cantero y plana) con usos de cocina diferenciados respectivamente. En este caso, para hacer la picada, sería conveniente limpiar las conjunciones nerviosas que lo unen. Esta pieza se localiza en el tercio anterior del animal, parte superior de la extremidad delantera, entre el rabillo delantero y el pez.

Hamburguesa con pisto de berenjenas

Ingredientes:

- 1 kg de carne picada de espaldilla
- 1 kg de berenjenas
- 4 dientes de ajo
- 1 pimiento seco
- 15 gr de pimentón dulce
- 15 gr de canela
- 1 dl de aceite de oliva
- ½ dl de vinagre
- Sal y pimienta
- 10 panes de pita
- 25 gr de nueces
- 1 granada

Elaboración:

1. Pelar y trocear la berenjena en dados, echar en agua hirviendo y blanquear, escurrir y poner en una olla.

   Machacar el ajo con el pimiento seco previamente remojado, el pimentón dulce, la canela, un poco de sal, agua y mezclar con la berenjena y el aceite de oliva. Dejar cocer 30 minutos a fuego suave, al final añadir el vinagre.
2. Aliñar la carne al gusto con sal y pimienta, las nueces picadas, y los granos de granada, formar hamburguesas de 100 gr.
3. Asar las hamburguesas a la parrilla o plancha.
4. Tostar el pan de pita y abrirlo.
5. En un plato colocar el pan, en una cara colocar la hamburguesa y en la otra acompañando, el pisto de berenjenas.

Hamburguesa con espinacas y aceitunas

Ingredientes:

- 1 kg de carne picada de espaldilla
- 1 kg de espinacas
- 200 gr de aceitunas negras
- 1 dl de aceite de oliva virgen extra
- 25 gr de concentrado de tomate
- 2 dientes de ajo
- El zumo de un limón
- 10 gr de comino en polvo
- 5 gr de pimentón dulce
- Sal y pimienta
- 5 panes candeal redondo del diámetro de la hamburguesa

Elaboración:

1. Aliñar la carne con las aceitunas picadas y rectificar si fuera necesario con un poco de sal y pimienta. Formar hamburguesas de 200 gr.
2. Lavar y picar las espinacas, ponerlas a cocer con un poco de agua con sal y escurrir.
3. En una sartén con aceite, freír los ajos picados, añadir el concentrado de tomate, las especias y cocinar unos minutos a fuego suave.
4. Abrir y tostar el pan candeal.
5. Asar las hamburguesas en la parrilla o plancha.
6. En un plato colocar en una cara del pan la hamburguesa y en la otra acompañando las espinacas.

Mini hamburguesa en ravioli de calabaza con tomillo

Ingredientes:

- 1 kg de carne picada de espaldilla
- 1 kg de calabaza
- 20 gr de polvo de tomillo o tomillo fresco (las flores)
- Sal y pimienta
- 1 barra de pan de coca
- 200 gr de alioli (ver receta)

Elaboración:

1. Aliñar la carne con sal y pimienta al gusto y aromatizar con el tomillo, formar mini hamburguesas de 50 gr.
2. Cortar la calabaza en láminas finas con la ayuda de una mandolina o pela patatas.
3. Cocer las láminas de calabaza al vapor o en agua durante unos 30 minutos.
4. Recortar la calabaza en rectángulos de 3x12 cm.
5. Colocar en cruz el ravioli, poner en el centro la mini hamburguesa, cerrar a modo de paquete y pasar por plancha o sartén los raviolis de calabaza rellenos de la mini hamburguesa.
6. Hacer tostas con el pan de coca del tamaño del ravioli.
7. Sobre cada tosta colocar una mini hamburguesa y un punto de alioli.
8. Emplatar en bandeja.

Hamburguesa con tomate picante

Ingredientes:

- 1 kg de carne picada de espaldilla
- 200 gr de queso gorgonzola picante
- 1 kg de tomates maduros
- 4 dientes de ajo
- 5 gr de comino
- 5 gr de guindilla
- ½ l de vino dulce p.x.
- 1 dl de vinagre de Módena
- 1 dl de aceite de oliva virgen extra
- Sal y pimienta

Elaboración:

1. Aliñar la carne con el queso gorgonzola y formar hamburguesas de 100 gr.
2. En una cazuela calentar el aceite, sofreír el ajo picado, añadir los tomates pelados y sin pepita, cortados en dados, mezclar y cocer a fuego suave. Condimentar con sal, pimienta, comino, guindilla y seguir cociendo a fuego suave durante 20 minutos.
3. Mezclar el vino y el vinagre y reducir a punto de salsa espesa.
4. Asar en parrilla o plancha las hamburguesas.
5. Emplatar la carne con la salsa de tomate fría acompañando y con un cordón del vino dulce con el vinagre reducido.

Mini hamburguesa en nido violeta

Ingredientes:

- 1 kg de carne picada de espaldilla
- 10 gr de ras el hanout (mezcla de especias)
- 150 gr de pistachos repelados
- 1 kg de patata violeta
- 200 gr de quinoa real
- 8 huevos de codorniz
- ½ l de aceite de oliva virgen extra
- Sal y pimienta

Elaboración:

1. Aliñar la carne con ras el hanout, sal, pimienta, los pistachos picados y formar mini hamburguesas de 50 gr.
2. Limpiar bien la patata y con la piel y la ayuda de una mandolina (o cuchillo) hacer patatas paja, freír en abundante aceite y escurrir.
3. Pasar las mini por quinoa y freír en sartén.
4. En un plato colocaremos la patata paja violeta en forma de nido, dentro tres mini hamburguesas fritas y un huevo de codorniz frito.

RUBIA GALLEGA

Esta raza vacuna española se distribuye en la zona noroeste de la península ibérica, principalmente en la zona de Galicia, cuyas zonas de producción ganadera podemos encontrarlas tanto en zonas de valle como de montaña. Su color trigueño o canela, permite ciertas variaciones en tonos claros y oscuros, pero no en sus pezuñas y cornamentas blanquecinas. Su morfología fuerte y robusta, conforma un dorso y unos lomos de gran anchura, lo cual la caracteriza por su especialización en la producción de carne, ya que ofrece un gran rendimiento en función de su desarrollo. Podemos encontrar en los distintos mercados, desde terneros con 8-9 meses de edad y de lactancia principalmente, añojos sacrificados entre los 10 y 18 meses, cebón de 18 a 30 meses de edad, alimentados respectivamente con forrajes y concentrados vegetales naturales, hasta llegar a algunos animales de edades superiores a los 3 años, ya poco frecuentes en el ámbito comercial, pero de grandísimo valor culinario.

El resultado de todo ello es una carne roja de espléndida terneza y aroma, cuyo sabor propio la hace muy característica.

La práctica de procesos de maduración de la carne en este tipo de raza suele ser muy convencional en edades superiores a los 18 meses y principalmente en aquellos animales que superan notablemente los 48 meses de edad (vacas y machos castrados o bueyes).

Tras observar la multitud de posibilidades que ofrece esta raza en su despiece de cortes, hemos seleccionado una de las partes más interesantes por su versatilidad en cocina: "Aguja". Es una pieza situada entre la unión del lomo alto y el cogote, muy tierna y jugosa con presencia de algunas vetas de grasa, cuyo sabor es muy parejo al que podríamos encontrar en el lomo, lo cual le hace excelente para carne de hamburguesa.

Hamburguesa del Norte

Ingredientes para 6 raciones

- 1.100 kg de carne picada de aguja gallega
- 6 pimientos del piquillo
- 200 gr de queso idiazábal
- 1 lechuga fresca de caserío
- 3 cebollas dulces
- Sal y pimienta
- Sal en escama
- Aceite de oliva virgen extra picual
- Pan de coca, una barra

Elaboración:

1. Asar las cebollas en la brasa con piel, pelarlas y reservar.
2. Mezclar la carne, aliñar con sal y pimienta al gusto.
3. Picar los pimientos del piquillo y mezclar con la carne.
4. Formar hamburguesas de 180 gr.
5. Asar la carne en la barbacoa o plancha.
6. Racionar el pan de coca, tostarlo ligeramente, poner en la base una hoja de lechuga cortada del mismo tamaño que el pan, colocar la carne, rallar el queso encima y servir, acompañando de ½ cebolla asada, aliñada con sal en escama y aceite de oliva virgen extra picual.

Mini hamburguesa de las Landas

Ingredientes para 6 raciones

- 1.100 kg de carne picada de aguja gallega
- 300 gr de foie fresco
- 150 gr de uvas sin semilla
- ¼ l de vino Pedro Ximénez
- Pan de foccacia
- Sal y pimenta

Elaboración:

1. Aliñar la carne con sal y pimienta al gusto y mezclar con las uvas.
2. Reducir el vino Pedro Ximénez.
3. Cortar el foie fresco en medallones, salpimentarlo y pasarlo por la sartén hasta dorar.
4. Cortar el pan de foccacia en cuadrados y tostar.
5. Formar mini hamburguesas de 50 gr y pasarlas por la plancha o sartén.
6. Colocar el pan, con la mini hamburguesa, el foie y una lágrima del vino dulce reducido.

Hamburguesa de Película: "Tomates Verdes Fritos"

Ingredientes para 6 raciones

- 1.800 kg de carne picada aguja gallega
- 180 gr de cebolla dulce
- 1 cucharita de comino en polvo
- 1 cucharita de cilantro en polvo
- 1 cucharita de canela en polvo
- La corteza rallada y el zumo de media naranja
- 1 cucharita de hebras de azafrán
- 500 gr de tomates raf verde
- 1 chile rojo fresco
- 1 diente de ajo
- Aceite de oliva virgen extra
- Sal y pimienta recién molida
- 2 piezas de escarola

Elaboración:

1. Aliñar la carne con sal, pimienta, la corteza rallada de naranja y el zumo.
2. Calentar el aceite de oliva en una cazuela, añadir la cebolla y el ajo cortados en juliana, freírlos a fuego lento durante 10 minutos, hasta que estén blandos y dorados, agregar los tomates verdes rallados, el comino, el cilantro, la canela, azafrán, el chile rojo picado, sazonar con sal y pimienta, dejar cocinar por espacio de 40 minutos, removiendo de vez en cuando.
3. Limpiar la escarola, lavarla y cortarla.
4. Asar en una parrilla o sartén las hamburguesas de unos 300 gr.
5. Emplatar la hamburguesa con el guiso de tomates verdes fritos por encima y acompañar con la escarola aliñada.

Mini hamburguesa "Mediterránea"

Ingredientes:

- 1.200 kg de carne picada de aguja
- 1 cebolla mediana
- 100 gr aceitunas negras sin hueso
- 1 pimiento rojo
- 1 pimiento verde italiano
- 6 hojas de albahaca frescas
- 25 gr vinagre balsámico
- 3 dientes de ajo
- 1 focaccia grande de 30x40
- 90 gr queso cheddar rallado
- Sal y pimienta
- Aceite de oliva virgen extra

Elaboración:

1. Aliñar la carne con las hojas de albahaca frescas picadas y salpimentar.
2. Cortar la cebolla, aceitunas, pimiento rojo, pimiento verde, un diente de ajo, en juliana. Poner en una cazuela con un poco de aceite de oliva y cocinar a fuego suave hasta que las verduras estén blandas, mojar con el vinagre balsámico y reservar.
3. En un bol pequeño mezclar el aceite con el ajo picado.
4. Con un cuchillo de sierra cortar la focaccia por el medio, untar ambas partes con la mezcla de aceite y ajo.
5. Formar mini hamburguesas de 60 gr.
6. Colocar en la parte inferior de la focaccia las minis, cubrir con el relleno de pimientos y aceitunas, espolvorear con el queso y cubrirlo todo con la otra mitad de la focaccia.
7. Pasarlo a una bandeja y hornear durante unos 15 minutos, hasta conseguir el punto de la carne deseado.
8. Cortar en cuadrados y servir.

Hamburguesa "Aromas de Bosque"

Ingredientes:

- 1.200 kg de carne picada de aguja
- 250 gr de boletus
- 2 dientes de ajo
- 1 dl de aceite de oliva virgen extra
- 300 gr de patatas
- 200 gr de panceta
- 150 gr de puré de trufa menalosporum
- Sal y pimienta recién molida
- Pan de centeno

Elaboración:

1. Aliñar la carne con puré de trufa, sal y pimienta.
2. Limpiar los boletus, repelar el tallo y cortar en láminas.
3. Cocer las patatas y cortar en cuadrados.
4. En una cazuela baja con un poco de aceite poner los dientes de ajo picados, saltear la panceta cortada en tiras finas, cocinar los boletus y terminar con las patatas cocidas los últimos cinco minutos, salpimentarlo todo.
5. Asar en una parrilla o plancha las hamburguesas formadas en 200 gr.
6. En un plato sopero colocamos en el fondo el salteado de boletus, encima la hamburguesa trufada y lo acompañamos con pan de centeno.

PARTE II

RAZAS INTERNACIONALES

RAZA ABERDEEN ANGUS

Los primeros indicios históricos que encontramos de esta raza datan de los siglos XVII y XVIII en el norte de Escocia, en los condados de Aberdeenshire y Angusshire, cuyos territorios formaron dos líneas vacunas (hummlies y doddies), cuyo cruce deliberado de ambos dio lugar a la raza actual y por consiguiente dando procedencia a su nombre. Sus ventajas competitivas como gran productor de carne y de excelente calidad de la misma, la han llevado a ser una de las principales razas vacunas en producción a nivel mundial. Es por ello que su distribución en Sudamérica, principalmente en Argentina y Uruguay, EE.UU y Australia, lo haya hecho obtener una gran demanda, tanto en los mercados de producción ganadera como en otros países que no lo son.

Es una raza eminentemente de carácter cárnico, de gran precocidad reproductiva, facilidad de parto, aptitud materna con buena producción de leche para el impulso inicial del desarrollo de los terneros y alta longevidad. Destaca por su capacidad de adaptación a medios difíciles y adversos en alimentación de pasto, además de ser muy resistentes a posibles enfermedades.

Es un animal voluminoso, no muy largo, ancho, con los contornos redondeados y musculosos y fuertes patas pero a su vez pequeñas, que les permite buena movilidad por las praderas. Pelaje corto y de color negro o colorado, dependiendo de la variedad, ya que los angus de pelaje rojo están clasificados como otra variedad genética. Su cabeza es muy particular, de corte medio y nunca presenta cuernos, algo muy propio y característico de esta raza vacuna. Los terneros nacen con pesos relativamente bajos pero su rápido crecimiento les permite alcanzar tras el destete a los 6 u 8 meses los 200 kg de peso. Los animales añojos y cebones de 20 a 30 meses de edad son la figura más comercial en las ganaderías con pesos medios que oscilan entre los 500 y 600 kg. El resultado es una carne de primera calidad, de buena marmolización y distribución de grasas sobre los tejidos musculares, cuya jugosidad y textura dan lugar a un sabor profundo y de excelentes matices.

Para la elaboración de estas hamburguesas hemos utilizado uno de los cortes más tradicionales para asar en las parrillas argentinas: "VACIO". Este corte de forma ovoide y carnoso está ubicado en la región lateral del cuarto trasero del animal. A pesar de ser una carne aparentemente magra, es muy jugosa y tierna, además de poseer un sabor muy acentuado y de gran carácter cárnico.

Hamburguesa con pipirrana de hinojo

Ingredientes:

- 1 kg de carne picada de vacio angus
- 100 gr de cebolla dulce
- 100 gr de pimiento verde italiano
- 100 gr de pimiento rojo
- 200 gr de hinojo fresco
- 200 gr de tomate pera
- ¼ l de aceite de oliva virgen extra picual
- ½ dl de vinagre de jerez al p.x.
- 5 panes de mollete antequerano
- 2 dientes de ajo
- Sal y pimienta

Elaboración:

1. Aliñar la carne con sal y pimienta y formar hamburguesas de 200 gr.
2. Picar muy fino la cebolla, pimientos, hinojo fresco, los tomates rallados enteros, mezclar todo bien y aliñar con aceite, vinagre y sal.
3. Abrir y tostar los molletes, frotarlos con los dientes de ajo.
4. Pasar la carne por la parrilla o plancha, colocar la carne en una de las caras de mollete y en la otra la pipirrana.

Mini hamburguesa con pisto manchego y mozzarela de búfala

Ingredientes:

- 1 kg de carne picada de vacio angus
- 250 gr de cebolla dulce
- 250 gr de pimiento verde italiano
- 250 gr de tomate rama
- 250 gr de calabacín
- 500 gr de mozzarela de bufala
- 1 dl vinagre balsámico reducido
- 1 dl aceite de oliva virgen extra
- Sal y pimienta
- 3 bastones de chapata

Elaboración:

1. Aliñar la carne con sal y pimienta al gusto y formar mini hamburguesas de 50 gr.
2. En una cazuela con aceite ponemos la cebolla cortada fina, el pimiento y lo pochamos lentamente a fuego suave. Rallar el tomate y cocinar el conjunto durante una hora aproximadamente. Cortar el calabacín en cuadrados pequeños y agregar al pisto hasta terminar de cocinar, otra hora aproximadamente, siempre a fuego suave. Sazonar con sal y pimienta.
3. Cortar las chapatas en rectángulos y tostar.
4. Pasar las mini hamburguesas por plancha o sartén.
5. Colocar las tostas en bandejas, encima de cada tosta una cucharada de pisto, la mini hamburguesa, el medallón de mozzarela y una gota de vinagre balsámico.

Doble hamburguesa con huevo de oca y sobrasada de ganso ibérico

Ingredientes:

- 1 kg de carne picada de vacio angus
- 4 unidades de huevos de oca
- 200 gr de sobrasada de ganso
- 100 gr de puré de trufa menalosporum
- 2 dl de aceite de oliva virgen extra
- Pan de coca en aceite
- Escamas de sal maldon

Elaboración:

1. Aliñar la carne con la sobrasada, formar doble hamburguesa de 250 g y reservar.
2. En una sartén con aceite, freír los huevos de oca.
3. Cortar y tostar el pan de coca del diámetro de la carne.
4. Asar las hamburguesas en parrilla.
5. En un plato colocar una cara del pan de coca con la carne asada y en la otra cara del pan el huevo de oca frito con el puré de trufa en la yema y una escamas de sal maldon.

Mini hamburguesa con verduras de temporada al wok

Ingredientes:

- 1 kg de carne picada de vacio angus
- 150 gr de judías verdes
- 150 gr de tirabeques
- 150 gr de brócoli
- 150 gr de calabacín
- 150 gr de zanahoria
- 150 gr de calabaza
- 50 gr de chalota
- 5 gr de cayena picante
- 1 dl de aceite de oliva virgen extra
- Sal y pimienta

Elaboración:

1. Cortar la chalota fina y pocharla con un poco de aceite en una sartén.
2. Aliñar la carne al gusto de sal y pimienta, añadir la cayena y la chalota picada, formar mini hamburguesas de 20 gr.
3. Cortar las verduras, en tamaño pequeño y todas iguales.
4. En un wok con aceite salteamos las verduras hasta cocinarlas al dente y salpimentar.
5. En un wok saltear las mini hamburguesas y mezclar con las verduras, dar una vuelta conjunta y emplatar en una bandeja.

Rusaburguesa

Ingredientes:

- 1 kg de carne picada de vacio angus
- 500 gr de patata roja francesa especial para cocer
- 150 gr de zanahoria
- 100 gr de judías verdes
- 100 gr de espárrago blanco en lata
- 1 l de aceite de oliva suave
- 5 gr de mostaza americana
- 2 huevos
- Sal y pimienta
- 5 panes de brioche tradicional

Elaboración:

1. Aliñar la carne con sal y pimienta al gusto y formar hamburguesas de 200 gr.
2. Poner a cocer en diferentes cazuelas las patatas, zanahorias, judías verdes en agua con sal.
3. Pelar y picar una vez cocidas las patatas, zanahorias y judías verdes.
4. Montar una mayonesa con los huevos, mostaza y el esparrago de lata, triturar con la túrmix y emulsionar con el aceite, sazonar con sal y pimienta.
5. Mezclar la mayonesa con la patata, zanahoria y la judía verde.
6. Cortar y tostar el pan de brioche.
7. Asar las hamburguesas en parrilla o plancha.
8. En un plato colocar abajo la primera capa de pan, después la ensaladilla, encima la carne, después de nuevo ensaladilla y cerrar con el pan.

RAZA FRISONA

El nombre de esta raza vacuna torna su origen en la región de Frisia, Holanda, Alemania y Países Bajos respectivamente. También es conocida por otros sinónimos como raza holandesa, Holstein-Friesian, Holstein u Overa negra. Actualmente es la raza más común en todo el mundo para la producción de leche, debida esencialmente a su altísima producción lechera y a la calidad de la misma con elevados porcentajes de grasa y proteína (3,70%).

Son animales longilineos, de poca masa y proporcionado hueso. Existe una moderna tendencia al descornado de la res, cuya coloración de manchas blancas y negras la hace muy característica y de fácil diferenciación. Importante amplitud torácica y digestiva, con patas finas y resistentes, pezuñas redondeadas, cuello largo y fino y en el caso de las hembras, el sistema mamario comprende unas ubres de amplia base de carácter uniforme.

Tras su introducción en España en el año 1926, su distribución geográfica se extiende en todo nuestro territorio, con un gran porcentaje del censo aplicado en la cornisa cantábrica (60%). De este modo, los sistemas de explotación que podemos encontrar son de diversa índole según el espacio de producción, considerando desde las explotaciones familiares de pequeño tamaño y fácil manejo, hasta grandes explotaciones industrial-ganaderas.

Las vacas suelen pasar los 600 kg, cuya madurez a los 18 meses realiza una vida productiva de gran intensidad lechera con rendimientos por lactación de 11.000 kg. En el caso de los machos, estos pueden llegar a pesar 1.000 kg. Los tipos comerciales que podemos encontrar en el sector cárnico son terneros de edad temprana y vacas viejas que han finalizado su producción lechera y pasan al mercado de la carne, cuyo resultado es una carne infiltrada con sabor pronunciado y de gran textura y jugosidad, siendo en este caso una de las carnes de gran apreciación debido a la madurez de las reses. Suele ser habitual dentro del ámbito de la restauración a nivel nacional, encontrar piezas de lomo con alta maduración, lo cual genera un gran prestigio gastronómico.

Tomando como base una vaca frisona madura (mayor de 48 meses) con elevada infiltración y cobertura de grasa, se ha utilizado para la realización de las hamburguesas uno de los cortes nobles por excelencia: LOMO BAJO. Se localiza en la zona lumbar y torácica del animal, de modo que va desde el lomo alto hasta la cadera. Corresponde con las costillas cortas de la res, de modo que puede cortarse con hueso o sin él. Es una carne muy tierna y jugosa que puede adecuarse perfectamente en plancha o parrilla con diversos usos culinarios.

Mini hamburguesas con guacamole y chips de patata

Ingredientes:

- 1 kg de carne picada de lomo bajo
- 1 kg de patata agria
- 2 piezas de aguacate
- 1 cebolla dulce
- 2 tomates en rama
- El zumo de un limón
- Unas gotas de tabasco
- Aceite de oliva virgen extra
- Sal y pimienta

Elaboración:

1. Pelar y cortar las patatas en rodajas finas para freír y dejarlas crujientes tipo chips.
2. Aliñar la carne con sal y pimienta al gusto y formar mini hamburguesas de 50 gr.
3. Pelar y deshuesar el aguacate, picar la cebolla fina, pelar, despepitar y picar los tomates. Mezclar todo bien y triturar a modo de puré, aliñar con el zumo de limón, unas gotas de tabasco y salpimentar.
4. Asar las mini hamburguesas en la plancha.
5. Colocar una chip de patata, encima un poco de guacamole, la mini hamburguesa, un poco más de guacamole y cerrar con otro chip.
6. Emplatar en una bandeja alternando la posición de las mini hamburguesas.

Hamburguesa napolitana

Ingredientes:

- 1 kg de carne picada de lomo bajo
- 150 gr de miga de pan fresco
- 1 diente de ajo
- 2 de hojas de albahaca
- Aceite de oliva virgen extra
- 4 tomates pelados y picados
- Perejil picado
- 1 dl de vinagre de jerez
- Pimienta negra molida
- Sal
- 5 unidades de alcachofas de pan rusticas

Elaboración:

1. En una sartén calentar el aceite y rehogar los tomates, condimentar con sal y pimienta. Añadir el vinagre, el ajo y el perejil. Tapar la sartén y dejar cocer unos 15 o 20 minutos.
2. Aliñar la carne con la albahaca, la miga de pan frita y picada, la sal y la pimienta.
3. Abrir y tostar ligeramente las alcachofas de pan.
4. Formar hamburguesas de unos 200 gr y asar en parrilla.
5. En un plato colocar una cara del pan, encima la hamburguesa salsear y cubrir con la otra cara del pan.

Hamburguesas gratinadas

Ingredientes:

- 1 kg de carne picada de lomo bajo
- 150 gr de puerro blanco
- 150 gr de cebolla dulce
- 150 gr de zanahoria
- 50 gr de apio
- 1 l de leche
- 70 gr de harina
- 70 gr de mantequilla
- 100 gr queso parmesano
- 1 pan de focaccia de 30x40
- Aceite de oliva virgen extra
- Sal y pimienta

Elaboración:

1. Lavar y cortar las verduras muy finas, poner a pochar en una sartén con un poco de aceite de oliva.
2. Aliñar la carne con las verduras pochadas y salpimentar al gusto.
3. En una cazuela ponemos a calentar la mantequilla, hacer un roux con la harina y diluir la leche. Dejar cocer unos 10 minutos, poner a punto de sal y reservar.
4. Cortar la focaccia del tamaño de la hamburguesa, y colocar en una bandeja de horno encima poner la carne cruda, salsear con la bechamel y rallar el queso por encima.
5. Gratinar en el horno y servir.

Hamburguesa en papillote

Ingredientes

- 1 kg de carne picada
- 1 repollo
- 500 gr de brotes de soja
- 150 gr de pimiento rojo
- 150 gr de pimiento verde
- 150 gr de setas sitaki
- Aceite de oliva virgen extra
- Sal y pimienta
- 300 gr de harina de fuerza
- 20 gr de levadura panadería
- 150 ml de leche templada
- 25 gr de azúcar

Elaboración:

1. Cortar en juliana todas las verduras limpias y las setas, saltearlas con un poco de aceite y reservar.
2. Con la harina, la levadura, la leche, el azúcar y un poco de sal, hacer una masa que dejaremos reposar una hora. Dividir la masa en diez bolas, dejar reposar y freír en abundante aceite.
3. Aliñar la carne con sal y pimienta al gusto y formar hamburguesas de 100 gr.
4. Con la ayuda de papel de plata cortado en 20x40, poner en el centro un poco de la verdura salteada, colocar la hamburguesa cruda, encima otro poco de verdura y cerrar el papel a modo de envuelto hermético. Poner en una bandeja de horno a 160º unos 15 minutos.
5. Abrir el papillote y acompañar con el pan frito.

Carpaccio-hamburguesa con brotes

Ingredientes:

- 1 kg de carne picada de lomo bajo
- 50 gr de cebolleta fina de la china
- 10 gr de cebollino
- 10 gr de mostaza en polvo Colman's
- Sal y pimienta
- Aceite de oliva virgen extra
- 250 gr de micro brotes mezclum
- Pan de hogaza

Elaboración:

1. Cortar muy fino el pan de hogaza si lo ponemos una hora en el congelador y luego lo cortamos en la máquina de fiambre nos quedara perfecto.
2. Aliñar la carne con la cebolleta cortada muy fina, el cebollino muy picado, la mostaza, la sal y pimienta al gusto.
3. Con la ayuda del papel film colocaremos una bola de 100 gr, cubrir con el film y vamos aplastando hasta darle el grosor que queremos (congelar).
4. En un plato colocar la tosta de pan muy fina, encima quitando el film la carne y dejar que se atempere. Con un soplete asarla ligeramente.
5. Repartir los brotes y aliñar con un cordón de aceite de oliva virgen extra.

SIMMENTAL

Encontramos los primeros indicios de esta raza en la época de la Edad Media en el valle del río Simmen en los Alpes Suizos. Conocida por los lugareños como ganado de manchas, ha prevalecido su altísima consideración con el tiempo gracias a su triple actitud: trabajo-carne-leche, lo cual ha generado en la actualidad un estatus de máxima calidad a nivel mundial en términos cárnicos y lecheros. De ahí, que esta raza se haya distribuido desde el siglo XIX hasta nuestros días en todos los continentes, con especial desarrollo en América del Norte y Europa, quien recopila en este último caso el mayor número censal (20 millones de cabezas).

Son animales hipermétricos de constitución fuerte, robusta e importante conformación muscular. Su capa colorada permite una variación desde el amarillo claro al rojo amarronado. El color blanco es característico de su cabeza, parte inferior de las extremidades, área pectoral y borlón de la cola.

Es una raza de alta longevidad, excelente habilidad materna y enorme adaptabilidad, lo cual la ha posicionado a nivel mundial como la raza ideal para cualquier tipo de cruzamiento. Gran parte de este éxito deriva de sus rendimientos económicos en el sector lechero, cuya elevada producción con alto contenido en grasa y proteína, favorece la producción de quesos de altísima calidad. A ello, se añade su doble propósito de aptitud cárnica, cuyo rápido crecimiento genera un gran aprovechamiento de sus canales (58%) y la obtención de una carne muy valorada por los consumidores, gracias a la infiltración de grasas en el tejido intramuscular, aportando así, una gran terneza y jugosidad. Los sistemas de explotación son de diversa índole, desde intensivo, extensivo, mixto con pastoreo y estabulación, cuya finalidad cárnica deriva en animales jóvenes con una media de 10 meses (360 kg) y en segundo término, carne de vaca, cuya función lechera y materna con 10 a 12 partos ha finalizado entre 8 y 12 años (500-800 kg), de modo que pasa al ámbito comercial cárnico de alta calidad. También podemos encontrar animales de 24 a 36 meses de edad cumpliendo el propósito cárnico, pero cuyo volumen en mercado supone un porcentaje mínimo.

Para el desarrollo de este tipo de hamburguesa, hemos utilizado uno de las grandes cortes nobles dentro del vacuno: LOMO ALTO de vaca vieja simmental aprovechando los matices del marmoleado de la carne y el sabor añejo por la edad del animal y curación de la pieza (45 días). Este corte se inicia en la aguja y continúa por la espina dorsal hasta la séptima costilla. Si no se despieza obtenemos el entrecote y en caso de dejar la costilla obtendríamos el famoso chuletón.

Mini hamburguesa con ñoquis al pesto

Ingredientes:

- 1 kg de carne picada de lomo alto
- ½ kg de patatas rojas
- 1 huevo
- 200 gr de harina
- 5 gr de sal
- 3 gr de nuez moscada
- 1 dl de aceite de oliva virgen extra
- 150 gr de tomate frito
- Pesto (1 diente de ajo, 8 hojas de albahaca, 50 gr de piñones, 1 dl de aceite de oliva virgen extra)
- 120 gr de parmesano rallado
- Sal y pimienta

Elaboración:

1. Aliñar la carne con el pesto y rectificar de sal y pimienta al gusto, formar mini hamburguesas de 50 gr.
2. Cocer las patatas en abundante agua. Después pelarlas y triturarlas hasta formar un puré en el bol.

   A continuación, remover el puré con el huevo y ¾ de la harina.

   Añadir la sal, nuez moscada y trabajar la masa hasta que se despegue del fondo del bol.

   Elaborar unos rollos con la masa de 1 cm de ancho.

   Cortar en pedacitos estos rollos, formar bolitas y hervirlas en agua con sal y aceite hasta que suban a la superficie del cazo.
3. Calentar el tomate, incorporar los ñoquis, espolvorear con queso parmesano.
4. Asar las mini hamburguesas en la plancha.
5. Con 100 gr de parmesano rallado y con la ayuda de un aro tostaremos en el horno el queso hasta conseguir unas galletas crujientes.
6. En una bandeja colocaremos las minis acompañas de los ñoquis y las galletas de parmesano.

Hamburguesa Waldorf

Ingredientes:

- 1 kg de carne picada de lomo alto
- 150 gr de apio nabo
- 150 gr de zanahoria
- 150 gr de manzana verde
- 150 gr de piña
- 8 lichis
- 1 granada
- El zumo de un limón
- 100 gr de nueces
- 2 dl de crema agria
- 5 panes de hamburguesa brioche
- Sal y pimienta

Elaboración:

1. Aliñar la carne con las nueces picadas y los lichis, salpimentar al gusto.
2. Pelar el apio nabo, la zanahoria, la manzana y rallarlos. Separar las semillas de las granadas. Pelar y trocear la piña. Rociar todo con el zumo de limón, añadir un poco de sal y mezclar bien.
3. Abrir y tostar el pan de brioche.
4. Formar hamburguesas de 200 gr y asar en parrilla o plancha.
5. En un plato colocar el pan de brioche, primero la carne, encima las verduras mezcladas coronar con un poco de crema agria y unos granos de granada.

Mini hamburguesa sobre coca trampo

Ingredientes:

- 1 kg de carne picada de lomo alto
- 2 pimientos verdes
- 2 pimientos rojos
- 1 cebolla dulce
- 5 tomates canarios
- 1 diente de ajo
- 2 gr de pimentón dulce
- ¼ l de aceite de oliva
- ¼ l de agua
- 15 gr de levadura en polvo
- 200 gr de harina
- Sal y pimienta

Elaboración:

1. Aliñar la carne con sal y pimienta al gusto y formar mini hamburguesas de 50 gr.
2. Mezclar el agua con el aceite, la levadura, un poco de sal, añadir la harina poco a poco sin que la masa quede demasiado dura. Dejar reposar durante una hora, cubierta.
3. Cortar en trozos regulares los pimientos, la cebolla, los tomates y colocarlos en un bol.

   Incorporar el ajo picado, la sal, el pimentón dulce y el aceite de oliva y mezclar.
4. Untar una bandeja con aceite y extender la masa con un grosor de medio cm.
5. Sobre la masa disponer la mezcla del relleno escurrida.
6. Meter en el horno 160º C durante 35 minutos y los últimos 5 minutos colocar las minis y terminar de asar en el horno.

Hamburguesa marinada con maíz crujiente

Ingredientes:

- 1 kg de carne picada de lomo alto
- 300 gr de coco rallado
- 3 huevos
- 300 gr de copos de maíz
- 250 gr de remolacha cocida
- 1 limón
- 1 dl de salsa soja
- 1 diente de ajo
- 2 gr de cardamomo
- 2 gr de cilantro
- Aceite de oliva virgen extra
- Sal y pimienta

Elaboración:

1. Antes de picar la carne poner a marinar con el zumo del limón, la salsa de soja, ajo, cardamomo, cilantro, durante 4 horas. Después escurrir, secar, y picar la carne, formar hamburguesas de 100 gr.
2. Triturar la remolacha con una turmix, emulsionarla con 1 dl de aceite de oliva y salpimentar.
3. Rebozar con coco rallado, huevo batido, y copos de maíz las hamburguesas y freírlas en aceite de oliva.
4. Servir las hamburguesas en un plato acompañadas del puré de remolacha.

Hamburguesa para almorzar

Ingredientes:

- 1 kg de carne picada de lomo alto
- 200 gr de bacón
- 100 gr de cebolla dulce
- 100 gr de pimiento verde
- 1 diente ajo
- Pan de hogaza payes
- Sal y pimienta
- Aceite de oliva virgen extra

Elaboración:

1. Picar finamente la cebolla, el pimiento verde, el ajo y ponerlo en una sartén con un poco de aceite a pochar.
2. Aliñar la carne con la verdura pochada y salpimentar al gusto.
3. Formar hamburguesas de 200 gr.
4. Colocar alrededor de la hamburguesa la tira de bacón y cocinar en la plancha.
5. Tostar las rebanadas de pan payes.
6. En un plato sobre el pan payes tostado colocar las hamburguesas.

RAZA WAGYU

Wagyu significa literalmente: Wa = Japón y Gyu = ganado, ternera. Dentro de la raza vacuna wagyu podemos distinguir dos grandes líneas genéticas:

- **WAGYU NEGRO:** es la línea más pura, con un pelaje negro azabache, cornamenta blanquecina y tamaño moderado. Podemos encontrar tres sublíneas genéticas principales: línea Fujiyoshi, la línea Kedaka y la línea Tajima (Prefectura Hyogo). Cada una de ellas tiene una particularidad que le hace más especial. Únicamente de la línea Tajima puede llegar a obtenerse la afamada carne de Kobe. Esta línea es la que ofrece un mayor desarrollo en los procesos de marmoleado de la carne, lo cual define con toda exactitud una tipología de carne muy específica y valorada en el mercado japonés.
- **WAGYU ROJO:** esta línea genética corresponde al cruce establecido con otras razas vacunas (simmental, Brown swiss, Devon, Korean cattle). El resultado de este cruce implica un mayor volumen de la musculatura y por tanto un mayor rendimiento de la canal, ya que este, era el principal objetivo que se buscaba al observar que el wagyu negro original no ofrecía los rendimientos necesarios para su comercialización.

Los japoneses para definir los tipos de carne obtenida, se basan en 4 parámetros: color de la carne, color de la grasa, tamaño del ojo de la chuleta y el grado de infiltración (para ellos el más importante).

A pesar de tener su origen en Japón, esta raza vacuna se ha ido desarrollando a lo largo de la geografía mundial, estableciendo como principales zonas ganaderas de Wagyu negro a Nueva Zelanda, Australia, EE.UU y Chile.

Por norma general, suelen comercializarse animales de avanzada edad, que oscilan entre los 18 y 36 meses de edad, según su espacio de producción, de tal modo que los pesos varían desde los 600 hasta 1.000 kg.

El despiece que podemos encontrar en la raza Wagyu, es muy particular, con gran cantidad de cortes cuyo uso culinario cambia por completo con respecto a lo tradicional, ya que su elevada infiltración de grasa en cada uno de sus músculos, permite adecuar diferentes técnicas de cocina en cortes de uso no convencional en la gastronomía. En este caso, se ha seleccionado una pieza muy parrillera, típica de los asadores brasileños, cuyo sabor está muy enriquecido por la infiltración que posee y obteniendo una textura fina y sedosa en boca: PICAÑA. Este corte se localiza en el tercio posterior del animal, parte superior de la pierna, en particular dentro de la propia cadera, la cual está compuesta como vimos en capítulos anteriores, por el corazón, rabillo y cantero. Este último es conocido también como picaña en países sudamericanos, cuya aplicación suele estar vinculada a las parrillas.

Hamburguesa "Restaurante Aspen la Moraleja"

Ingredientes:

- 600 gr de carne picada de picaña wagyu
- 600 gr de carne picada a cuchillo de solomillo vacuno gallego
- 8 cebollas dulces
- 1 cabeza de ajos morados limpios y picados
- 6 tomates en rama, medianos
- 3 ñoras secas en remojo con agua caliente y picadas
- 1 guindilla picada
- 10 gr de cayena
- ½ dl salsa perrins
- 50 gr de almendras tostadas
- 50 gr de avellanas tostadas
- 4 ramitas de perejil picado
- 4 rebanadas de pan frito
- 1 dl de vinagre de jerez 25 años
- 1 dl de vinagre japonés
- Aceite de oliva virgen extra
- Sal y pimienta
- 6 unidades de pan de brioche 60 gr

Elaboración:

1. Para la salsa barbacoa: saltear en una sartén con un poco de aceite las guindillas y las ñoras. Asar los tomates unos 10 minutos en el horno a 180º y dejar que se enfríen. Asar dos cebollas dulces hasta que estén blandas y dejar enfriar.

   Majar en el mortero el ajo, las guindillas, las ñoras y la cayena, hasta formar una pasta espesa. Agregar los frutos secos, el perejil, el pan, y majar hasta homogeneizar la mezcla. Pelar y despepitar con cuidado los tomates. Pelar y picar las cebollas asadas.

   Pasar por una túrmix o vaso americano la pasta anterior con los tomates y las cebollas. Añadir los dos vinagres, la salsa perrins, emulsionar con el aceite y salpimentar.
2. Asar a la parrilla 6 cebollas, pelarlas, picarlas en juliana y aliñar con aceite de oliva, sal y pimienta.
3. Mezclar las picadas de carne y salpimentar.
4. Formar hamburguesas de 200 gr.
5. Abrir al centro el brioche y tostarlo.
6. Asar en la parrilla o plancha las hamburguesas.
7. Colocar en un plato el briox tostado en la mitad colocar la carne en la otra mitad la cebolla asada y acompañar con la salsa barbacoa.

Mini hamburguesa "Tropical Burguer"

Ingredientes:

- 1.200 kg carne picada de picaña de wagyu
- 120 gr de cebolla frita seca
- 5 gr de mejorana en polvo
- 5 gr de pimienta de Jamaica
- Sal
- ½ kg de berros
- 3 tallos de apio
- 1 pepino
- 3 naranjas medianas
- 1 cebolla roja en aros
- 35 gr de cebollino fresco, picado
- 60 gr de nueces picadas
- Aceite de oliva virgen extra
- 1 dl de vinagre de jerez 25 años
- 10 gr de miel

Chutney de mango:

- ½ kg de mango cortado en trocitos
- 150 gr de manzana verde, sin corazón, ni piel
- 200 gr de cebolla cortada en trozos
- 1 diente de ajo
- 10 gr de sal
- 300 ml vinagre de sidra
- 100 gr de azúcar
- 10 gr de jengibre rallado
- 5 gr de canela en polvo
- 1 chile rojo seco

Elaboración:

1. Aliñar la carne picada con la cebolla frita, la mejorana en polvo, la pimienta de Jamaica y la sal. Formar mini hamburguesas de 60 gr.
2. Para la ensalada, lavar y escurrir todas las verduras, cortar los berros, trocear el apio en tiras, pelar el pepino, cortar por la mitad, quitarle las semillas y cortar en rodajas, pelar las naranjas en gajos. Mezclar todos los ingredientes en una ensaladera y aliñar con la vinagreta de aceite de oliva virgen extra, vinagre y miel.
3. Para el chutney. Poner el mango, las manzanas, la cebolla y el ajo en un cazo, incorporar las especias, verter la mitad del vinagre y hervir a fuego lento una hora removiendo con frecuencia. Disolver el azúcar en el resto de vinagre y añadirlo. Cocer durante otra hora hasta espesar.
4. Asar las hamburguesas en plancha.
5. En una fuente colocar la mini hamburguesa con un poco de chutney encima y acompañar de la ensalada de berros.

Hamburguesa "Runner world"

Ingredientes:

- 1 kg carne picada de picaña wagyu
- 10 alcachofas
- 1 l de aceite de oliva virgen extra
- 2 hojas de laurel
- 5 gr de granos de pimienta
- 5 molletes de 40 gr
- 100 gr de alioli
- Sal y pimienta

Elaboración:

1. Limpiar las alcachofas y confitarlas (a fuego lento) en 50 ml de aceite, el laurel y los granos de pimienta, una vez confitadas dejar enfriar.

   Con la otra mitad de aceite en un cazo poner a temperatura de fritura 165º y pasar las alcachofas de una en una para freír.
2. Aliñar la carne picada con sal y pimienta y formar hamburguesas de 100 gr, asar en parrilla o plancha.
3. Cortar los molletes y tostar, untar los panes con el alioli..
4. En un plato colocar la mitad del mollete con la carne y la otra mitad con la alcachofa frita.

Hamburguesa "Vitello Tonnato"

Ingredientes:

- 1 kg de carne picada de picaña wagyu
- 200 gr de rúcula
- 100 gr de parmesano
- 125 gr de tomatitos cherry
- Sal y pimienta

Salsa vitello:

- 200 gr de atún en conserva de aceite
- 2 huevos enteros gallina "eco"
- 50 gr de alcaparras
- 20 gr de anchoa en salazón
- El zumo de medio limón
- 2 dl aceite de oliva virgen extra
- Sal y pimienta

Elaboración:

1. Montar la salsa del vitello como una mayonesa, en un vaso mezclador ponemos los huevos, la lata de atún escurrida, alcaparras, anchoas, el zumo de limón, sal y pimienta lo emulsionamos con una túrmix con el aceite de oliva y reservar para salsear.
2. Aliñar la carne con sal y pimienta y formar hamburguesas de 100 gr, pasarlas por la parrilla.
3. En un plato disponemos las hamburguesas acompañadas de la rúcula, salseamos todo con la salsa de vitello y rallamos el parmesano por todo el plato.

Hamburguesa "Steak tartar"

Ingredientes:

- 1 kg de carne picada de picaña de wagyu
- 50 gr de cebolla dulce
- 50 gr de pepinillos
- 50 gr de alcaparras
- 10 yemas de huevo
- 10 gr de cayena picante
- 100 gr de mostaza americana
- Sal y pimienta
- 10 huevos enteros de gallina de corral "eco"
- 3 dl de aceite de oliva virgen extra
- 10 tostas de pan de hogaza gallego

Elaboración:

1. Picamos la picaña a cuchillo muy fino, podemos darle un pequeño tiempo de congelador para ayudarnos a cortarla más fina.
2. Picamos muy fina la cebolla, el pepinillo, las alcaparras y lo mezclamos con la carne y aliñamos con las yemas de huevo, la cayena, la mostaza, 1 dl de aceite de oliva virgen extra, sal y pimienta.
3. Formamos raciones de 100 gr y con la ayuda de un aro las hacemos en la plancha.
4. Freír los huevos en aceite de oliva virgen extra.
5. Tostar el pan de hogaza gallego.
6. En un plato colocar la tosta de pan, la carne encima y lo coronamos con el huevo frito.

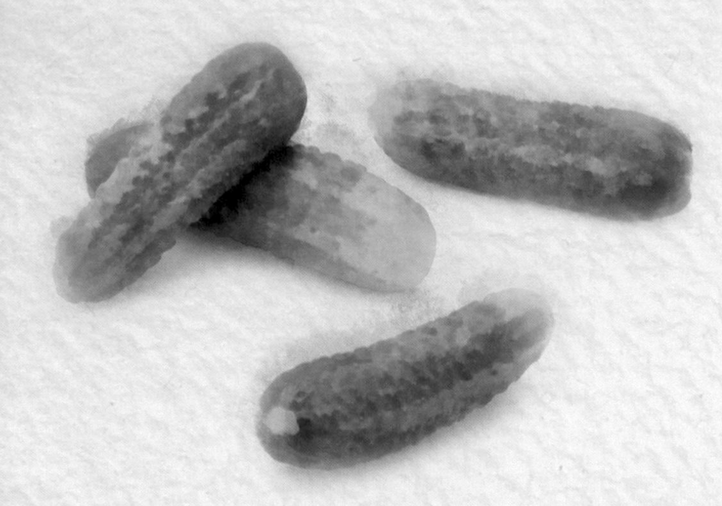

PARTE III

OTRAS HAMBURGUESAS

Hamburguesa de ganso ibérico con berenjenas de Almagro y encurtidos

Ingredientes:

- 1 kg de ganso ibérico picado
- 8 berenjenas de Almagro
- 8 pepinillos en vinagre
- 8 alcaparrones
- 4 cebollas dulces encurtidas
- Sal y pimienta
- Aceite de oliva virgen extra
- 1 unidad de pan de cereales

Elaboración:

1. Deshuesar el ganso quitarle la piel y toda la carne bien limpia de tendones la pasaremos por la picadora.
2. Poner la piel en un cazo cubierta de aceite de oliva a fuego suave y cuando este confitada, es decir cocida, subir el fuego a fritura hasta dejarla crujiente.
3. Aliñar la carne al gusto de sal y pimienta con la piel frita bien picada.
4. Picar todos los encurtidos y ponerlos a reducir en un cazo a fuego suave con el caldo de las berenjenas de Almagro.
5. Formar hamburguesas de 125 gr, asarlas en la parrilla o plancha y acompañar con los encurtidos.
6. Tostar el pan de cereales y montar en un plato.

Hamburguesa de pollo ecológico en pepitoria

Ingredientes:

- 1 Pollo "eco"
- 2 cebollas dulces
- 1 zanahoria
- 1 puerro
- 1 rama de apio
- 1 diente de ajo
- ¼ l de zumo de limón
- 50 gr de almendras fritas
- 3 huevos de corral
- 2 gr de azafrán
- Laurel
- 100 gr de miga de pan blanco
- 1 baguette
- Sal y pimienta
- Aceite de oliva virgen extra

Elaboración:

1. Deshuesar el pollo y limpiarlo bien de tendones. Macerar en el zumo de limón con sal y pimienta durante 30 minutos.
2. Pasarlo por la picadora sin piel.
3. Con los huesos hacer un caldo en un cazo cubiertos de agua con una cebolla, zanahoria, puerro, apio y laurel, a fuego suave y reducir.
4. Hacer una picada en el mortero con el diente de ajo frito, las almendras fritas, la miga de pan frita, los huevos cocidos previamente, el azafrán, sal y pimienta, majarlo todo hasta formar una pasta.
5. Con la mitad del majado, aliñaremos la carne y formaremos hamburguesas de 100 gr.
6. La otra mitad con el caldo, colado y reducido poner a fuego suave hasta tener una salsa homogénea y sabrosa.
7. Cortar la baguette en tostas finas y hornear.
8. Pasar las hamburguesas por la plancha o parrilla.
9. En un plato colocar las tostas, la hamburguesa y salsear con la pepitoria.

Mini hamburguesa de perdiz roja con salmorejo de tomates de la huerta de carabaña

Ingredientes:

- 3 piezas de perdiz roja
- 1 kg de tomates de carabaña
- 1 diente de ajo
- 100 gr de miga de pan blanco
- 1 dl de aceite de oliva virgen carabaña
- 50 gr de miel de romero
- 40 gr de brotes minivegetales
- Sal y pimienta
- Pan de coca

Elaboración:

1. Deshuesar las perdices y sacar bien los tendones.
2. Aliñar al gusto con sal, pimienta y la miel de romero.
3. Formar mini hamburguesas de 40 gr.
4. Remojar la miga de pan.
5. Lavar los tomates, partirlos en trozos, añadir el ajo, la miga de pan remojada, el aceite de carabaña y triturar con la túrmix.
6. Asar en la plancha o sartén las mini hamburguesas de perdiz.
7. Tostar el pan de coca en rectángulos.
8. En un plato sopero colocar el pan de coca, encima las mini hamburguesas de perdiz, los brotes minivegetales y servir en jarra el salmorejo.

Hamburguesa de Ternasco del "valle de tena"

Ingredientes:

- ½ ternasco
- Por cada kilo de carne 150 gr de melocotón de calanda fresco (o de bote)
- 150 gr de cebolla dulce
- 100 gr de pimiento rojo

Para las migas:

- Pan de hogaza
- ½ cabeza de ajos
- 1 dl aceite de oliva virgen extra
- 150 gr de melocotón de calanda (o de bote)
- Sal y pimienta

Elaboración:

1. Deshuesar el ternasco y pasar por la picadora.
2. Picar fino la cebolla, el pimiento rojo, y el melocotón.
3. Aliñar la carne con sal, pimienta y la picada de cebolla, pimiento y melocotón.
4. Formar hamburguesas de 100 gr.
5. Hacer las migas en una cazuela. Con aceite de oliva freír la media cabeza de ajos entera, picar el pan asentado y húmedo. Echar en la cazuela y cocinar lentamente unos 30 minutos sin parar de mover para que no se agarren y queden sueltas.
6. Asar en la parrilla las hamburguesas de ternasco.
7. En un plato colocar las migas, encima la hamburguesa y el melocotón cortado a dados.

Gorrino-hamburguesa de cerdo ibérico "HAPPIG"

Ingredientes:

- 1 kg de presa de ibérico
- ½ kg de botillo ibérico
- ½ repollo
- 2 dientes de ajo
- 2 dl de aceite de oliva virgen extra
- Vinagre de jerez
- Panes individuales tipo mollete
- Sal y pimienta

Elaboración:

1. Picar la presa de ibérico.
2. Cocer el botillo, abrirlo, limpiar de huesos y picarlo fino.
3. Mezclar la presa con el botillo, sazonar si fuera necesario y formar hamburguesas de 200 gr.
4. Picar en juliana muy fina el repollo, saltear en un wok con un poco de aceite añadir el ajo picado, dejarlo crujiente. Terminar de sazonar con aceite de oliva virgen extra, sal, pimienta y unas gotas de vinagre de Jerez.
5. Abrir los molletes y tostar.
6. Pasar las hamburguesas por la parrilla o plancha al punto que guste.
7. En un plato colocar la hamburguesa en una cara del mollete y en la otra el repollo aliñado.

Hamburguesa de venado con Samfaina

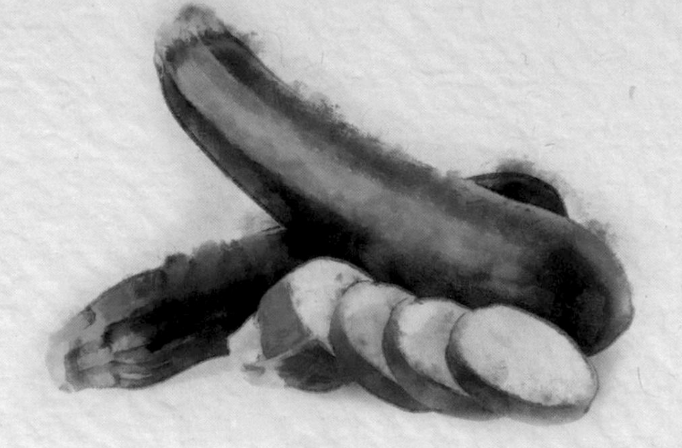

Ingredientes:

- 1 kg lomo de venado

Picada:

- 1 diente ajo
- 50 gr de almendra frita
- 50 gr de avellana tostada
- Una rebanada de pan frito
- 10 gr de perejil
- Aceite de oliva virgen extra
- Sal y pimienta

Samfaina:

- 2 dl de aceite de oliva virgen extra
- 4 dientes de ajo
- 1 kg de cebolla dulce
- ½ kg de calabacín
- ½ kg de berenjenas
- 1 kg de tomates
- 1 kg de pimiento rojo
- Sal y pimienta

Elaboración:

1. Pasar por la picadora el lomo de venado.
2. Majar en un mortero la picada y cuando esté la mezcla homogénea la añadimos a la carne.
3. Preparar la samfaina, picando todas las verduras iguales.
4. En una cazuela con aceite poner la cebolla a sudar, el ajo, el calabacín, y la berenjena, remover bien y dejar cocer a fuego lento. Cuando evapore el líquido rallar los tomates y los pimientos asados previamente y continuar con la cocción suave hasta que evapore todo y las verduras estén cocidas, rectificar de sal y pimienta al gusto.
5. Formar hamburguesas de 125 gr, asar en la parrilla y emplatar en un plato sopero con la samfaina en el fondo y la hamburguesa encima.

Mini hamburguesa de salmón rojo salvaje de Alaska

Ingredientes:

- 1 kg de lomo de salmón rojo limpio
- 1 pieza de hinojo fresco
- Pan de mini hamburguesa de brioche

Vinagreta de soja:

- 75 gr de salsa de soja
- 2 piezas de zumo de lima
- 30 gr de azúcar moreno
- 100 gr de aceite de oliva virgen extra

Elaboración:

1. Picar el salmón, aliñarlo con la vinagreta de soja, coger todos los elementos ponerlos en un vaso de túrmix y emulsionar la vinagreta.
2. Limpiar el hinojo, cortarlo muy fino con la ayuda de una mandolina y dejar en agua con hielo para que este crujiente.
3. Formar mini hamburguesas de 40 gr, pasar por la sartén.
4. El pan de mini abierto y tostado, colocar en una bandeja con la hamburguesa en una cara encima el hinojo fresco y cerrar con el pan.

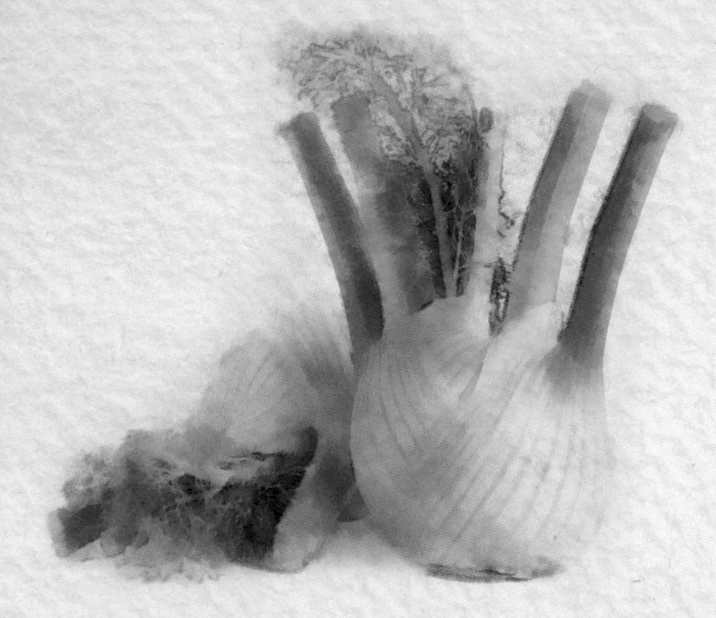

Mar y montaña: pollo y gambas

Ingredientes:

- 1 kg de pechugas de pollo
- ½ kg de cola de gamba roja
- 2 cebollas
- 2 dientes de ajo
- 4 tomates
- 1 dl vino blanco
- ½ dl de pernod
- Una rama de perejil
- 1 rebanada de pan
- 25 gr chocolate rallado
- 50 gr almendras fritas
- 2 limas
- Sal y pimienta
- Aceite de oliva virgen extra

Elaboración:

1. Pasar las pechugas de pollo sin piel por la picadora.
2. En una cazuela cortar la cebolla, ponerla a sudar, añadir el ajo picado, los tomates pelados despepitados, cocinar suave durante 10 minutos. Añadir el vino blanco y el pernod, dejar cocinar hasta que se evapore el líquido. Majar en un mortero el pan frito con el chocolate y las almendras, añadir al sofrito y cocinar suave durante otros 10 minutos y con esto aliñaremos las pechugas de pollo picadas. Poner a punto de sal y pimienta.
3. Aliñar las colas de gambas limpias con el zumo de las limas sal y pimienta.
4. Formar hamburguesas de 150 gr y pasar por parrilla o plancha.
5. En un plato colocar la hamburguesa de pollo con una quenelle de las gambas encima, picar por encima un poco de perejil y un cordón de aceite de oliva virgen extra.

Hamburguesa "Vegetal"

Ingredientes:

- 1 kg de tofu
- 1 kg de calabaza
- 50 gr de guindillas verdes frescas (piparras)
- 200 gr de algas wakame aliñadas
- Aceite de oliva virgen extra
- Sal y pimienta

Elaboración:

1. Cocer al vapor la calabaza y pasar la carne de calabaza por el pasapuré junto con el tofu.
2. Aliñar la masa de calabaza y tofu con sal, pimienta al gusto, aceite de oliva virgen extra y las piparras frescas picadas.
3. Formar hamburguesas vegetales de 125 gr y asarlas en la plancha.
4. En un plato colocaremos las algas wakame acompañando las hamburguesas de calabaza y tofu.

PARTE IV
SALSAS

Romesco

Ingredientes:

- 1 kg de cebollas
- 1 kg de tomates en rama
- 1 cabeza de ajos
- 2 pimiento rojo
- 1 dl aceite de oliva virgen extra
- 100 gr almendras fritas
- 100 gr avellanas tostadas
- ½ dl vinagre de jerez
- Sal y pimienta

Elaboración:

Asar todas las verduras, limpiar de pieles y poner todo el conjunto en un vaso triturador con los frutos secos, vinagre, aceite de oliva virgen extra, sal y pimienta, triturar y emulsionar una salsa fina, rectificar al final si fuera necesario.

Barbacoa

La misma receta que la Romesco, pero le añadimos 150 gr de mostaza Louit y cambiamos el vinagre de jerez por vinagre de estragón.

"Mi Alioli"

Ingredientes:

- 10 dientes ajo
- ¼ l de vino blanco
- ½ l de aceite de oliva suave

Elaboración:

Triturar los dientes de ajo con el vino y hacer una pasta fina.

En una sartén con 1 dl de aceite cocinamos la pasta de ajo hasta que se evapore el vino y consigamos una base de ajo cocinado en pasta.

Dejamos enfriar la pasta y emulsionamos con el aceite, lo pasamos por un chino fino y llenamos un sifón con el alioli.

Mayonesa

Ingredientes:

- 1 l de aceite de girasol
- 1 bote de mostaza americana 200 gr
- 6 yemas huevo
- Sal y pimienta

Elaboración:

Colocar todo en un vaso americano y emulsionar con la túrmix, rectificar al final si fuera necesario.

Brava

Ingredientes:

- 1 l de agua
- 2 chiles frescos
- 1 kg de tomate pera
- 200 gr de cebolla
- 50 gr de ajo
- Pimentón picante
- Sal y pimienta

Elaboración:

Triturar los chiles con el agua templada y reservar.

En una cazuela con un poco de aceite de oliva virgen rehogar la cebolla cortada en juliana, añadir los ajos picados, y el tomate pera picado, dejar cocinar a fuego suave y añadir el agua, seguir cocinando suave hasta que se evapore el agua, añadir pimentón picante al gusto, sal y pimienta.

Pasar todo por una túrmix y un chino fino.

Agridulce

Ingredientes:

- 800 gr de zumo de piña
- 80 gr de kétchup
- 20 gr de concentrado de tomates
- 100 gr de azúcar
- 125 gr vinagre de arroz

Elaboración:

Cocer todo en una cazuela a fuego suave 20 minutos.

Vinagreta

Ingredientes:

- 1 cebolla dulce
- 1 bote de 750 ml vinagre de estragón
- 50 gr de azúcar
- ¼ l de salsa soja
- 1 l de aceite de oliva virgen extra
- ¼ l de vinagre de Pedro Ximénez
- Sal y pimienta

Elaboración:

Poner en una cazuela al fuego la cebolla cortada en juliana con el vinagre de estragón y reducir a la mitad. Pasar por un chino sin triturar y enfriar.

En un vaso americano poner el vinagre reducido, azúcar, salsa de soja, aceite de oliva virgen extra, vinagre de Pedro Ximénez, emulsionar la salsa y rectificar al final de sal y pimienta si fuera necesario.

PARTE V

MARIDAJE

¿Qué podemos decir de esa tentación entre dos panes, con sus acompañamientos, sus salsas y demás parafernalia que hay alrededor de ella? Estamos escribiendo sobre un gran manjar traído de Estados Unidos, y nosotros aquí vamos a intentar mejorarlo, no sólo por la carne utilizada, que es de una calidad IMPRESIONANTE y variada, si no por lo que gira alrededor de ella.

Tenemos la costumbre de comer las hamburguesas con cerveza o Coca-Cola, pero creo que con estos cortes cárnicos hay que buscar un plus más, y ahí es donde vamos a intentar que se funda la armonía de los dos productos. Para eso voy a buscar una gran cerveza, un espumoso y por supuesto un gran vino, con esto tendremos el placer asegurado.

Que ustedes lo coman y beban bien!!!!

RAZAS NACIONALES

Raza Asturiana de los Valles

Al tener una pieza suave y con poca grasa, vamos a elegir un vino blanco de la zona de rías BAIXAS, apostando por un albariño.

ZONA: Rías Baixas

VARIEDAD: Albariño

VINO PACO Y LOLA: En nariz es un vino floral con recuerdos a manzana verde y un poco de hierba fresca. En boca tendremos una buena acidez marcada por la zona siendo largo y dándonos sensación de frescor.

Raza Avileña (negra ibérica)

Esta pieza utilizada que tiene poco nervio y es muy jugosa, necesita algo diferente debido a los ingredientes utilizados, vamos a poner una cerveza.

ZONA: Valencia

CERVEZA ER BOQUERÓN: Aromas de melocotón, flores blancas con un puntito de cebada y miel en el fondo. En boca es suave con una burbuja ligera y el punto salino que tiene debido al 4% de agua de mar nos va a dar mayor profundidad para acompañar ese punto de grasa.

Raza Retinta

Aquí se ha elegido una pieza con más aporte de grasa y por lo tanto tenemos que ir a algo un poquito más estructurado.

ZONA: La Mancha

VARIEDAD: Cencibel

VINO ¡EA!: Aromas de fruta fresca, moras de zarza, ciruela y un ligero recuerdo a picota. En boca al tener seis meses de roble le hace ser un poquito más potente para aguantar esa maravillosa aportación que le va dar la grasa de la Espaldilla.

Rubia Gallega

Al seleccionar la zona de la aguja encontramos una carne potente y por lo tanto vamos a buscar un vino con algo más de cuerpo.

ZONA: Rioja

VARIEDADES: Tempranillo, Garnacha, Mazuelo y Graciano

VINO MARQUES DE MURRIETA RESERVA: Nos encontramos con algunos recuerdos de fruta negra madura, pero lo importante son los aromas de especias como la pimienta negra y el clavo. En boca es amable y largo, perfecto para crear una simbiosis con esta carne de largo sabor.

RAZAS INTERNACIONALES

Raza Aberdeen Angus

En este corte tan especial encontramos un sabor carnoso, de paladar intenso debido a la zona en la que se encuentra, hay que tener en cuenta que sobre todo se utiliza en las parrillas argentinas por lo tanto tenemos que jugar con un vino de corte intenso.

ZONA: Toro

VARIEDAD: Tinta de Toro

VINO ANGELITOS NEGROS: Tenemos una bodega relativamente joven en el mercado, pero de una gran calidad y además siendo atípica de la zona. En nariz sobresalen los aromas de frutas negras como el casis, la grosella madura y un ligero aroma de campo (Jara). En boca es tánico pero sin ser agresivo aportando frescor por la acidez y el alcohol siendo persistente con un final amable.

Raza Frisona

Por excelencia una de mis piezas favoritas el lomo bajo, tenemos ante nosotros uno de los cortes más jugosos de la vaca para nuestra elaboración.

ZONA: Bierzo

VARIEDAD: Mencía

VINO PÉTALOS DEL BIERZO: No podía faltar este gran vino, aquí tenemos algo especial, una intensidad persistente de aromas de fruta fresca como la grosella, ciruela, y moras salvajes, en el fondo y por raro que parezca nos vienen recuerdos de cáscara de naranja "cítrico" aportando frescor a la pituitaria. En boca es amplio, con un alcohol y una acidez muy equilibrada teniendo un final largo y persistente.

Raza Simmental

Al elegir un lomo alto con una curación de 45 días buscaremos un vino que le pueda aportar algo de consistencia.

ZONA: Ribera del Duero

VARIEDAD: Tinta fina

VINO ANTÍDOTO: Tenemos ante nosotros un vino frutal, fresco, con unas características importantes de la zona de Soria, con esa madera francesa que le va a aportar un toque mineral y profundo. En boca es amplio, gustoso e ideal para poder acompañar bien el sabor de nuestra hamburguesa.

Raza Wagyu

Tenemos ante nosotros una de las mejores carnes del mundo y la pieza que vamos a maridar es jugosa a la vez que muy sedosa sobre todo por el final tan largo que tiene.

ZONA: Penedés

VARIEDADES: Xare-lo, Macabeo y Chardonnay

ESPUMOSO GRAMONA IMPERIAL: Este cava se presenta con una burbuja fina, en nariz sus matices de bollería dulce y miga de pan, mezclados con aromas de melocotón lo hacen ser complejo y elegante. Cuando lo probamos en boca tiene una entrada suave y persistente, siendo una explosión de burbuja pequeña, acidez y alcohol perfecta. Esto nos va a combinar muy bien con esa carne jugosa llevándonos a una armonía sin igual.

SUMILLER Y MEJOR PERSONA
Natalio del Álamo Plaza

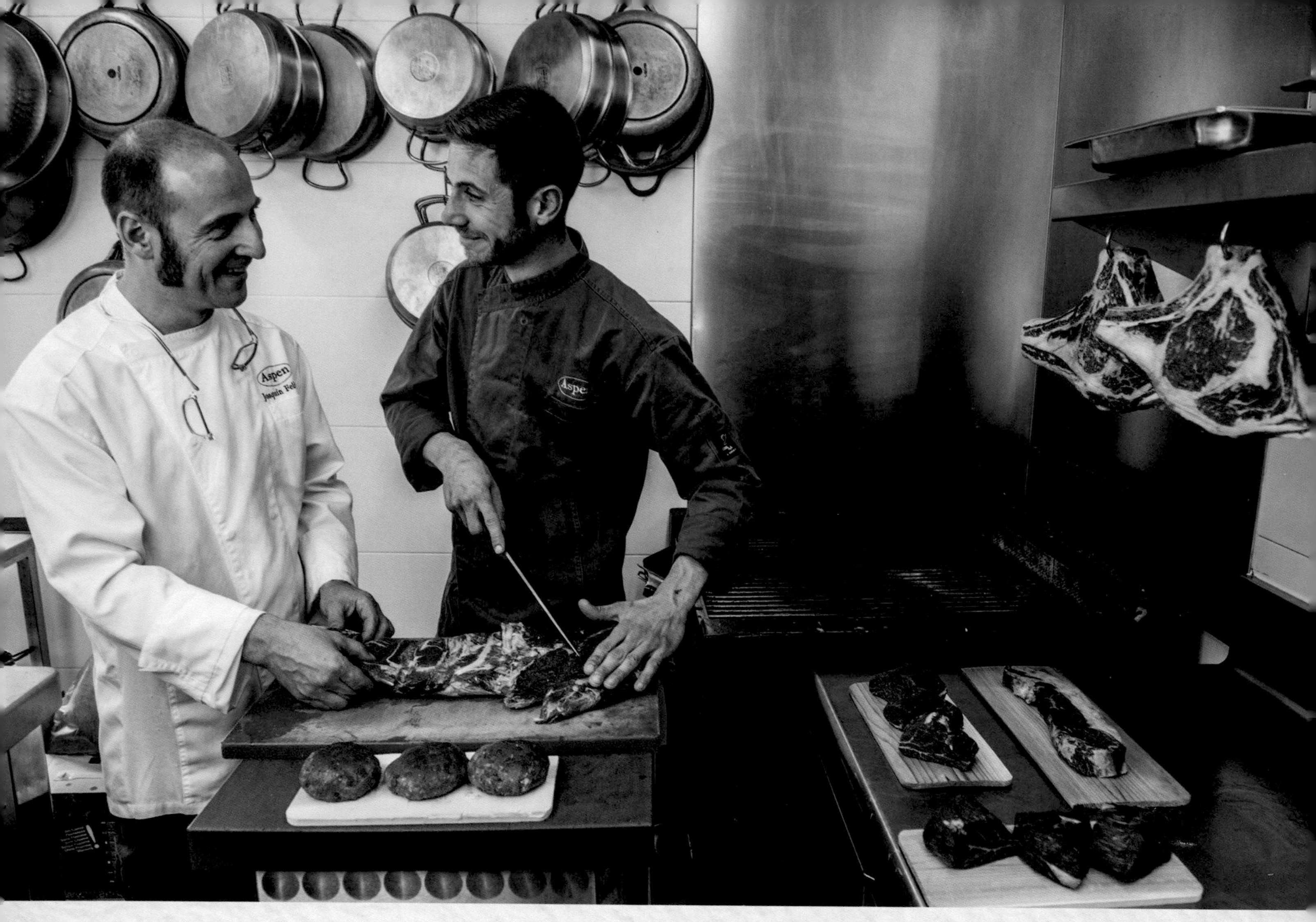

Joaquín Felipe (Senior) y Joaquín Felipe (Junior)

Joaquín Felipe Peira y Natalio del Álamo Plaza